SOMALI LEARNER'S DICTIONARY

QAAMUUSKA BARASHADA INGIRIIS-SOOMAALI

Jawahir Abdulla Farah
Jawaahir Cabdala Faarax

Text © JA Farah 1992
Pronounciation Guide © Anita Suleiman 1992

ISBN 1 874209 70 7
    Published by HAAN Associates
    P.O. Box 607
    LONDON SW16 1EB

Printed in Great Britain by Ipswich Book Co. Ltd., Ipswich,   Suffolk

Second Edition 1994

Illustrations compiled from various non-copyright sources.

Cover design: Traditional hand-woven Somali cloth, called *Benaadir* or *Aliindi*.

DEDICATION

For my children Hodo, Filsan, Warsame and War-
san, and for Deqa, who I hope will all be encouraged
to enrich their Somali.

HURMO

Waxaan qoraalkan u horayaa oo u hibaynayaa ubad-
kayga Hodo, Filsan, Warsame, Warsan iyo Deqa oo
aan ku rajo weeynahay in buugani ku dhiiri-geliyo
korodhsiga iyo xoojinta afkooda hooyo.

THE AUTHOR

JAWAAHIR CABDALA FAARAX waxay ku dhalatay mag-aalada Burco. Waxay takhasus macalimeed ku samaysay isla magaalada Burco iyo Fishponds College, Bristol, oo ku yaal wadanka Ingiriiska. Ka dib waxay Jaamacadda Mareykanka ee Boston ku qaadatay 'dhigrii' iyadoo ku takhasustay Taariikhda Afrika iyo Dhaqamadeeda. Waxay muddo 14 sanadood u shaqeynaysay Wasaaradda Waxbarashada ee Soomaaliya kana ahayd macalin iyo qoraa. Isla muddaddaa waxay wariye ka ahayd Raadio Muqdishu qaybta af-Iniriisiga. Muddo shan sanaaddood ah waxay iyada iyo reerkeeduba degnaayeen Paris oo uu ninkeedu ka shaqeynayey safaaradda Soomaaliyeed. 1986 iyo wixii ka dambeeyey waxaa hooy u noqday wadanka Ingiriiska magaallo madaxda Landhan. Halkaa ayay hadda ka shaqeysaa qeybta waxbarashadda Ealing, oo ay xubin ka tahay Kooxda Kaabida Carruurta Caalamiga.

Waxay qayb weyn ka qaadatay abaabulkii iyo abuuridii ururkii ugu horeeyay ee dadweynaha Soomaaliyeed ee Ealing loo furay oo ay ka noqotay xoghayaha guud iyo kan garahaaneed ee qaybta haweenka. Intaa waxaa raaca iyad oo af Ingiriisi ku turjumaysa qoraalkeeda ku saabsanaa suugaanta af Soomaaliga iyo ciyaar-aha carruurta. Waxay leedahay afar carruur ah.

JAWAHIR ABDULLA FARAH was born in Burao, Somalia. She trained as a teacher in Burao, was awarded a scholarship to Fish-ponds Teacher Training College, Bristol, where she studied from 1963 to 1966, and followed this with a degree course in African Studies and History at Boston University, USA. She worked as a teacher and text book writer in the Somali Ministry of Education for 14 years, during which time she also did regular broadcasting for national radio. For five years she lived with her family in Paris, where her husband was a diplomat at the Somali Embassy. Since 1987 she has made her home in London, where she is currently working for Ealing Education Department as a member of the Support Team for International Children. She is active in local community affairs, and helped establish the first Somali com-munity action group in Ealing. In her spare time she is working on translations into English of her extensive collection of Somali folk literature and children's games. She is the mother of four.

CONTENTS/TUSMO

Author's Preface

This LEARNER's dictionary is intended for both general
and practical use. Within the limits of its brevity, it has been
compiled with three groups in mind:

1 Somali children who are beginners of English

2 Somali adults who are beginners of English

3 English adults beginning Somali

I hope it will be useful in the following ways: by showing
how to spell words; by giving clear and accurate definitions;
and where a word has more than one meaning, by giving
numbered sentences to provide a better understanding of
its meanings and usage. Where a word is easily understood
in translation I have not always felt it necessary to include
an explanatory sentence. For a number of reasons, includ-
ing cultural experience, it is not always possible to find
exact equivalents in one language for words and meanings
in another language; it has sometimes been necessary,
therefore, to translate an English word with a Somali
phrase. Easy words such as and, but, at, etc. have been
omitted.

The words have been selected with reference to a range of
learners' dictionaries and basic word lists, and draw on my
own experience of teaching Somali children and adults in
both Somali and English. The words are ones which
everyone should know in either of the two languages—or
will very soon come across. Care has been taken to provide
explanatory sentences which use simple and clear lan-
guage, and which avoid giving the meaning of one word by
using even more difficult words.

The Somali language is spoken nationally and universal-
ly by Somalis, with few regional variations. However, where
particular regional alternatives have equal currency in the
language, the variations have been included. Great care has
been take to balance the regional differences of words and
meanings. I have also consulted extensively with Somali
elders on the best words to use.

I should like to mention that although the Somali language is the keeper of a rich oral literature and history, and that facility with language is greatly admired and prized by Somali people, it was not until 1972 that a standard script was adopted for writing down the language. This being the case, the conventions of a written language are still being established, and meanings and form are often the subject of lively debate.

I have been helped during the writing of this Dictionary by the support, encouragement and constructive suggestions of my children, my extended family and friends, and my colleagues at Wolf Fields Middle School, Southall. My thanks to all of them, and to my Publisher for helping to bring it to print. The responsibility for any shortcomings in the selection and explanation of words, however, is entirely mine.

Finally, I should like to encourage users of the dictionary to pass on their comments or suggestions for improvement.

* * *

Qaamuuskan waxaa loogu tallo galay saddexdan kooxood:

1 Caruurta heer dugsiyeedka ah ee Af-Ingriisigu bilawga u yahay

2 Dadka waaweyn ee Af-Ingriisigu bilawga u yahay

3 Dadka waaweyn ee Af-Soomaaligu bilawga u yahay.

Saddexdaada kooxoodba qaamuuska waxuu ku kalmeeynayaa: sida loo barto yeedhiska oo ah xarfaha eray walba ka koobmo; barashada micnaha ama micnayaashe eray walba leeyahay; in micne walba lagu muujiyo tiro u gaar ah side 1, 2, 3 oo lagu kala qeexo weero gaagaabaan oo micnahood kala duduwan muujinaya.

Hadi eray yahay mid aad u sahlan oo badi lays ka fahmi karo wax weero ah laguma sii micnaynayo.

Erayada qaamuusku ka kooban yahay waa kuwa la filayo in qof walba labada af midkood hore ugu soo maro ama uu ku baran karo muddo yar ka dib. Waa erayada qof waba oo af barad ah uu adeegsado ee ugu soo noqnoqodka badan. Si aan erayna loogu m icnayn eray kale oo kasii adag waxaa la adeegsaday weerro gaagaaban, sahlan, saxan oo sii sharaxaya.

viii

Gobolada qarkood hadi ay adeegsadaan micne u gaar ah waxa laga dhigay micne ka mid ah micnayaasha eraygu leeyahay. Sidaa awgeed wax qaamuusku si gaar ah ugu dadaalay dhelin tirka erayada iyo micnaha u gaarka ah gobolada qaarkood intaba.

JAWAAHIR CABDALA FAARAX

LONDON, JANUARY 1992

INTRODUCTION AND PRONUNCIATION GUIDE

By Anita Suleiman

In the Dictionary the headwords are given first in English and in bold typeface, followed by the phonetic pronunciation in brackets () and using the Somali phonetic equivalents as far as possible. Then come the Somali language equivalent(s) of the headwords, followed by an explanation or definition in Somali. If there is more than one distinct meaning for a word, the explanations are given numbers (1 2 etc.).

The Dictionary is primarily intended for Somali speakers who are learning English, though it may also be of interest to others. Definitions are given only in Somali, on the basis that the learner who is already fluent in English will be able to consult an English language dictionary, whereas the student who is at a beginner or intermediate level will find the Somali language explanation of more benefit. To increase the Dictionary's usefulness to the student, the teacher, and to the English-speaking student of the Somali language, all word entries are listed in reverse order—Somali:English—in the appendix.

The Latin script is common to the writing of both English and Somali, but there are some important differences in the sounds which some letters represent. The pronunciation scheme which I have developed uses Somali phonetics as far as possible to represent the sounds of English words, and where this was inadequate, I have assigned a special value to a letter or combination of letters. This is explained in detail below.

Any such transcription from one unrelated language to another can at best give only an approximation of the sound(s) aimed at. However, the decision not to use the international phonetic alphabet was taken for several reasons: this is a beginners' dictionary, and aims to draw on what the learner already knows of sound-symbol relationships; the international phonetic alphabet uses diacritical marks and configurations which would need complicated explanations of how to form the lips, tongue, etc., and would put an extra burden on the learner, and so is better left for a later stage of learning.

By studying the explanation of the phonetic scheme the learner should be able to reproduce a fair approximation of the English word sound when there is no teacher at hand to help. However, it is strongly recommended that where possible the learner spends some time together with a teacher, studying the phonetic scheme, and practising it by reading down the bracketed () transcriptions which follow each headword.

In putting together this phonetic scheme I have consulted with two trained linguists who have specialist knowledge of the Somali language: Dr. B. W. Andrzejewski, Professor Emeritus, School of Oriental and African Studies (SOAS), and Mr. Martin Orwin, also of SOAS. I should like to thank them for their comments and suggestions for improving the scheme.

Pronounciation of English using Somali phonetics

In the main dictionary, a Somali phonetic spelling of the English word is given in brackets () immediately after the bold-type headword. The phonetic scheme is explained below. Those letters marked with an asterisk (*) represent English sounds which do not occur in Somali. You will need to study these.

VOWELS

a as in **ama**; hat

*a (italic) is used to represent the English sound in words like ago, a (the indefinite article), and at the end of words like father, mother. This sound does not occur in Somali.

*aa (italic) is used to represent the English sound in words like bud, run, glove. This sound does not occur in Somali.

aa and aar as in **laab**, **saab**, **daar**; father, farm. In English this sound is often followed by the letter r, although the r is not pronounced. We have included the English unpronounced r in italics because in some regional pronunciations and in standard American pronunciation it is sounded. Because r is always pronounced in Somali, many Somali speakers of English will pronounce it when they see it in an English word; even though it may be incorrect standard pronunciation, it will be easily understood.

aw as in **hawl, caws**; tower, out. In English this sound is usually spelt ow or ou.

ay as in **maya** represents the English long i, as in find, line.

e as in **hebel**; wet

ee and eer as in **reer, sheeg**. In English this sound can be spelt in several different ways like in fair, mare, pear. It is often followed by the letter r which is silent. (see aa and aar [above] for explanation).

er (italics) this is used to represent the English sound in words like murder, work, skirt. This sound does not occur in Somali. The r which follows the vowel is not pronounced.

ey as in **samey, weyn** represents the English long a, as in day, lake, pain

i as in **mid**; pin

ii as in **wiil**. In English this sound can be spelt in several different ways; it is usually spelt ee; it is often spelt y or ey at the end of words: feet, monkey, tiny, meat.

o as in **gobol**; hot

oo or oor as in **koob, nool**. In English this sound can be spelt in several different ways like in storm, four, talk. The r which sometimes follows this sound is silent. (See aa and aar [above] for an explanation.)

oow as in **awoowe** represents the English long o, as in alone, follow, over.

u as in **ul**; bull

uu as in **muus, suun**; boot, school.

CONSONANTS

The letters b,d,f,g,h,j,k,l,m,n,r,s,t,w,y and sh, are pronounced approximately the same in English and in Somali. Letters which need special explanation are listed below.

ch (italics) represents an English sound which does not

occur in Somali. You will need to learn this from an English-speaker. It is a bit like Somali j.

d is always d and never dh. English does not have the dh sound.

g in English is usually pronounced the same as in Somali, but sometimes represents the j sound, as in garage (garaaj).

k as in **koor**; çat, baķe. In English k and c have the same sound. English does not have the sound which in Somali is represented by the letter c. When e follows c, as in *race*, the c is pronounced as s.

*p (italic) is an English sound which does not occur in Somali. You will need to learn it from an English-speaker. It is an unvoiced b.

q in English is always followed by u as in quick, and is pronounced kw (kwik).

r (italic) represents the r which is not sounded in standard English pronunciation, but which is sounded in standard American pronunciation.

r when it is pronounced in English is never trilled as it is in Somali.

*th (italic) does not occur in Somali. It has a voiced and un-voiced sound. You will need to learn these from an English-speaker. You may know them from Arabic.

*v (italic) does not occur in Somali. You will need to learn it from an English-speaker. It is a voiced f.

x represents a completely different sound in English from Somali; the sound is made by combining k and s: ks as in words like fox, taxi. English does not have the sound which in Somali is represented by the letter x

*z (italic) does not occur in Somali but you will know the sound from Arabic.

Sida loogu dhawaaqo erayada Ingiriisiga ah iyadoo la isticmaalayo dhawaaqo afka Soomaaliga

Qaamuuska gudahiisa waxaad dhawaaqa erayga Ingiriisiga ka helaysaa qaansaha gudahooda (). Isticmaalka (sida loogu ku dhawaaqida) erayada waxaa lagu tusaaleeyey hoos. Xarfaha xiddigta (*) hore taal waxay muujinayaan dhawaaqa Ingiriisiga ah ee erayga—taasoo ay ugu wacan tahay iyadoo dhawaaq Soomaalil ga loo waayey.

SHAQALAHA

a sida **ama**; hat

*a (italic)

*aa (italic)

aa iyo aa*r* sida erayga **laab, saab, daar**; *father, farm.* Af ingiriiska marka dhawaaqan laga helo inta badan a^{da} waxaa ku xigar. Inkastoo r^{da} Ingiriiska lagu dhawaaqin. Sababtada halkan r^{da} Ingiriiska ugu soo damay waxay tahay gobalo wadanka Ingiriiska ka mid ah ayaa muujiya dhawaaqa r^{da}, iyo iyadoo afka. Mareykankana, lagu dhawaaqo. Marka af Soomaaliga lagu hadlayo r^{da} aad ayaa loo muujiyaa, waxaana laga yaabaa in Soomaalida ay ku dhawaaqda markay afka Ingiriisiga ku hadlayso—waana ay qaldan tahay.

aw sida **hawl, caws**. Ingiriisiga waxaa dhawaaqan loo qori karaa <u>ow</u> ama <u>ou</u> sida: *tower, out.*

ay sida **maya**; Ingiriiska wuxuu u isticmaalaa i^{da} la jiiday sida erayga *find, line.*

e sida **hebel**: *wet.*

ee iyo ee*r* sida **sheeg, reer**; Ingiriisiga waxaa dhawaaqan loo qori karaa siyaboo badan oo ay ka mid yihiin *fair, mare, pear*; inta badan waxaa la raaciyaa xarafka r (fiiri aa iyo aa*r* hore loo micneeyey).

*er (italic) waxaa loo isticmaalaa erayada Ingiriiska sida m<u>u</u>rder, w<u>o</u>rk, ski<u>r</u>t. Dhawaaqan af Soomaaliga ku ma jiro. R^{da} ka dambeysa shaqalka laguma dhawaaqo.

ey sida **samey, weyn**; Ingiriiska wuxuu ee isticmalaa a^{da} la jiiday sida *day, lake, pain.*

i sida **mid**: *pin.*

ii sida **wiil**; Ingiriiska waxaa dhawaaqan loo qori karaa siyaabo badan; inta badan waxaa loo qoraa ee, ama ea ama marka eraygu ku dhamaado y ama ey sida *feet, monkey, tiny, meat.*

o sida **gobol**: *hot.*

oo ama oor sida koob, nool; Ingiriisiga waxaa dhawaaqan loo qoraa siyaabo badan sida *storm, four, talk.* R^{da} laguma dhawaaqo (fiiri aa iyo aar hore loo micneeyey).

oow sida **awoowe**; Ingiriisku wuxuu u isticmaalaa o^{da} dheer sida *alone, follow, over.*

u sida **ul**: *bull.*

uu sida **muus, suun**: *boot, school.*

XARFAHA
Xarfaha b,d,f,g,h,j,k,l,m,n,r,s,t,w,y, iyo sh dhawaaqoodu waa iskumid af Soomaaliga iyo af Ingiriiskaba. Xarfaha Ingiriisiga oo dhawaaqoodu aad ugu duwan yahay af Soomaaliga waa kuwa hoos ku qoran:

ch (italic) waa dhawaaq aan af Soomaaliga laga helin waa in aad ka baratid qof Ingiriis ah.

d mar walba waa d^{da}, marnaba looguma dhawaaqo sida dh^{da}. Afka Ingiriisiga ma la' ha dh.

g inta badan wuxuu u dhawaaq eg yahay g^{da} af Soomaaliga, laakiin marmar wuxuu leeyahay dhawaaqa j sida erayga *garage* (garaaj).

k sida **koor**; *cat, bake.* Af Ingiriiska xarfaha k iyo c isku dhawaaq ayey leeyihiin. Af Ingiriiska ma laha dhawaaqa c^{da} Soomaaliga.

p (italic) waa dhawaaq aan laga helin af Soomaaliga waa inaad qof Ingiriis ah ka baratid sida loogu dhawaaqo.

q marka af Ingiriiska la qorayo q^{da} waxaa mar walba la raaciyaa u sida *quick* looguna dhawaaqaa *kw* (kwik).

r (italic) wuxuu marka r^{da} aan la maqlin marka af Ingiriiska qoran lagu hadlayo laakin la maqlo marka af Maraykan la isticmaalayo. R^{da} inta badan waxay sameysaa dhawaaqa shaqalaha ka horeeya.

th (italic) lagama helo af Soomaaliga. Mar waa lagu dhawaaqaa marna laguma dhawaaqo. Waa inaad isticmaalka ka barataa qof Ingiriis ah. Laga yaabaa inaad af Carabiga ku maqashay.

v (italic) lagama helo af Soomaaliga waa inaad ka barataa qof Ingiriis ah. Wuxuu u eg yahay f^{da}.

x dhawaaqiisu aad ayuu ugu duwan yahay af Soomaaliga. Dhawaaqiisa waa marka laysku daro ama xiriiriyo k^{da} iyo s^{da,} sida erayada *fox, taxi.* Af ingiriiska ma lahan dhawaaqa Soomaaliga ah ee x.

z (italic) lagama helo af Soomaaliga, laakiin waxaad ku soo aragtay af Carabiga sida **Zeynab**.

abcdefghijklmnopqrstuvwxyz

Aa

abroad (*ab* rood) Dal qalaad. Dibadda. Wadan kale.

absent (ab *sant*) Maqan. Aan joogin.

abundance (*ab aan dans*) Wax fara badan. Siyaado ah.

abuse (*ab* yuus ama *ab* yuuz) Af-lagaado. Fara xumayn.
1 Hadal xun oo laysku yidhaaho.
2 Qof si xun loola shaqaysta ama macaa miloodo.

accent (ak *sant*) Lahjad. Codka luqada.

accept (ak *sept*) La aqbalay. La ogolaaday. La yeelo. Ogolaanshaha wax raali laga yahay ee aan la diiddanayn

accident (ak sid *ant*) Shil. Waxa si lama filaan ah ama kedis ah u dhacay oo wax yeelana leh, siday isku dhaca gaadhiyaasha ama dadkaba

accommodate (*akom adeyt*) Hooysiin. Soo hooyn. Guri siin. Qof la soo hooyey.

accompany (*akaam panii*) La weheliyo. La socda. La is rafiiqsado.
1 Laba qof is raacidood ama is weheshigood.
2 Laba fanaan marka ay muusiko wada tumayaan ee is kaashadaan.

account (*akownt*) Xisaab. Is daafac. Sheeko. Qoraal muujinaya lacag soo geli taankeed iyo khasiraadeed.

accuse (*akyuuz*) Eedayn. Dacweeyn. Ashkatayn. Ka sheegashada eed ama gef qof kale kugu sameeyey laga sheegto.

ache (eyk) Xanuun. Sida calool xanuun, dhabar xanuun, ama ilig xanuun.

acquaintance (*akweyn tans*) Macrufo. Aqoon guud ahaaneed oo aan aad la isu-aqoon ama asxaab la ahayn.

acquire (*akwaya*) Wax dadaal badan lagu gaaro oo aah wax aan loo dhalan ee loo dhididdo. Ka gudubka heer faqiirnimo, barashada af ama dhaqan qalaad waxaa keena dadaal badan.

acid (*asid*) Aasiidh. Aashito. Kiimiko kulul

1

abcdefghijklmnopqrstuvwxyz

acre (eyka) Qiyaas dhuleed. Qiyaas dhul ka kooban 4000 oo mitir oo iska soo wareeg ah.

acrobats

acrobat (akrabat) Ciyaaryahan xirfad leh. Sida: Waa gof meelo aad u dhaadheer iska soo laalaadiya isaga oo xadhko ku leexaysanaya.

across (akros) Dhinac u gudub. Gudbin. Jid gooyn. Waa marka meel laga gudbo (dhinac ilaa dhinac)

act (akt) La fallo. La sameeyo. La qabto. La canjilo.
1 Qabashada wax la gabtoy ee la fusho.
2 Canjillaada la canjillo wax aan la ahayn ee dadka riwaayaduhu ama silimooyadu sameeyaan.

actual (akt yuu al) Run ah. Xaqiiqa. Wax jira. Wax run ah oo aan shaki ku jirin.

add (ad) Isugeyn. Iskudar.
$2 + 2 = 4$.

address (adres) Cinwaan. Lambarka guriga, waddada iyo magaalada gofku kunool yahay.

admiral (ad miral) Madaxa ciidanka badda.

admire (admaya) Loo qushuuco. Muxibo. Ka Helid

admit (admit) Ogolaansho. Qirid.
1 Meel gelideed la isu ogolaado.
2 Qirasho wax aad sameysey.

adventure (ad ven cha) Khatar xiiso iyo u badheedhid leh.

aeroplane (eera pleyn) Dayuurad. Makiinada cirka duusha.

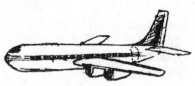

aeroplane

afraid (afreyd) Baqdin. Cabsi. Wax ka xumaan. Marka wax laga xunyahay, sida waan ka xunahay in aan guriga telefoon iigu jirin.

afternoon (aafta nuun) Galabnimo. Waa waqtiga u dhaxeeya duhurka iyo qorrax dhaca.

2

abcdefghijklmnopqrstuvwxyz

age (eyj) Da'. Waqti tegey.
1 Inta sanno ee aad jirtay.
2 Wax markuu dhaco waqti badan ka soo wareegay.

aim (eym) Shiishid. Ujeeddo.
1 Wax la rabbo in wax kale lala eegto.
2 Ujeedadu waa in la barto afka Ingriisida.

air (eer) Hawo. Hawo ayaa inagu wareegsan.

airport (eer poort) Gegi ama garoon dayuuradeed.

alive (alayv) Nool. Noloshu waa lidka dhimashada.

alone (aloown) Keli. Keli markaad tahay ee aan cidi kula joogin.

alphabet (alf abet) Alif beetada. Xarafaha.

alphabet

ambulance (ambyuu lans) Ambalaaska. Gaadiidka deg-dega ee caafimaadka. Gaadhi dadka buka dhakhtarka geeya.

anchor

anchor (anka) Baroosin. Bir maraakiibtu ay dhulka hoose ee xeebta ku mutaan markey dekeda ku soo degaan. Hangool bir ah oo silsilad xoog leh ku xidhiidhsan.

angel (eynjal) Malaa'ig. Cidan aan la'arki karin oo ilaahay u adeega.

angry (angrii) Cadho. Xanaaq. Dhirif.

animal (ani mal) Xoolo. Xayawaan.

ankle (ankal) Canqow. Halka isku xidha cagta iyo kubka.

answer (aansa) Jawaab. Marka wax lagu weydiiyo waxaad tidhaahdo.

ant (ant) Qudhaanjo. Cayayaan yar oo leh madax, ubuc, maroora.

ape (eyp) Daayeer weyn oo aan dabo lahayn kana duwan gooriilaha.

3

abcdefghijklmnopqrstuvwxyz

apple (a*pal*) Tufaax. Khudrad cas ama cagaar ah oo macaan.

apple

apron (ey*pran*) Shey dhexda lagu xidho oo wisikhda kaa ilaalinaya.

aquarium (*a*kwee riy*am*) Sanduuq dhalo ah, oo biyo ku jiran kalluun lagu rido si looga daawaddo.

arch (aa*rch*) Dhismo albaab ama daaqad ah oo loo sameeyey sida qaansada khaas ahaan masaajidada.

arch

arm (aa*rm*) Gacan.
1 Gacanta inta u dhaxaysa garabka ilaa dhamaadka curcurka
2 Hubka lagu dagaalamo.

armchair (aa*rm cheer*) Waa kursi gacmo leh. Kursiga labada dhinac leh ee gacmaha lagu nasiyo.

army (aa*rmii*) Ciidan. Askar. Waa cidan ama qayb ka mid ah ciidamada qalabka sida.

arrive (*a*rayv) Imaatin. Gaadhid. Qof ama wax meeshii laga rabey gaadhay.

arrow (a*roow*) Falaadh. Leeb. Waa laan dheer oo af murjis leh (dhuuban) oo qaansada laga rido.

arrow

artist (aa*rtist*) Farshaxanyahan.

ask (aask) Weydiin. Marka su'aall lagu weydiiyo.

asleep (*a*sliip) Seexasho.

astronaut (astr*a* noot) Qofka dayax 'gamceedka u raaca samada.

audience (oodiy *a*ns) Daawaadayaal. Dad badan oo meel isugu yimid si ay wax u dawadaan ama u dhegeystaan.

4

abcdefghijklmnopqrstuvwxyz

aunt (aant) Eedo. Habaryar. Hooyadaa walaasheed ama aabahaa walaashii.

awake (ɑweyk) Soo jeed. Kicid. Toosin.

Bb

baby (beybii) Ilmo. Cunug. Ilmahu markuu dhasho ilaa uu sannad jir ka gaadhayo.

bad (bad) Xun. Kharibaan. Daran. Wax aan wacnayn ama hagaagsanayn

bag (bag) Boorso. Qandi. Baaga gacanta.

bag

bake (beyk) Dubniin. Wax foorneys. Muufays. Wixii aan dabka la kor saarin marka la bislaynayo ee la muufeeyo ama dubo.

baker (bey kɑ) Dube ama muufeeye.
Waa qofka wax duba ama muufeeya.

bald (boold) Bidaar. Qofka madaxiisa aan timo lahayn ee fooda, salxanyaha ama dhakadu banaantahay.

ball (bool) Kubad. Qalab ciyaareedka cinjirka ah, qaabka kuusan ee la laadlaado ama laysu tuurturro ee boodbooda.

balloon (bɑ luun) Buufin. Waa banbiiro xuub ah oo neef laga buuxsho. Marka ay dalooshanto sanqadh baa ka yeedha.

banana (bɑ naa nɑ) Muus. Moos. Khudradda macaan, Dhuuban ee diirka laga dhilo hurdiga ama cagaarka ah. Qoloftiisa hadii lagu joogsado waa lagu siibtaa.

barrel (barɑl) Barmiil. Foosto. Shey sida haanta u samaysan oo loox ama bir ka samaysan.

basket (baaskit) Kolay. Dambiil. Shay wax lagu gurto oo caw ama qabo ka samaysan.

basket

a**b**cdefghijklmnopqrstuvwxyz

bat (bat) Fiidmeer. Loox. Luuf.
1 Xayawaan habeenkii uun duula oo markuu hurdo isa soo laalaadsha.
2 Loox kubadda lagu ciyaaro, sida 'krikit'.

bath (baath) Sixniga-qubaysiga. Sheyga weyn, qasabada ku rakibantahay ee lagu dhex maydho.

bathroom (baath ruum) Qolka qubaysiga.

battle (batal) Dagaal.

bear

bay (bey) Xeebta badda. Xeebta halka baddu ka soo gasho.

beach (biich) Xeebta badda.

bead (biid) Kuul. Waxa kuuskuusan ee markay taxan tahay haweenku qoorta ku xidho.

beak (biik) Afka shimbiraha.

bean (biin) Digir.

bear (beer) Bahal dhogor badan oo dhulka qabow ku nool.

beard (biyad) Gadhka. Garka. Raga timaha gadhka kasoo baxa.

beautiful (byuu ti ful) Qurux. Wacan.

bed

bed (bed) Sariir.

bedroom (bed rum) Qol hurdo.

bee (bii) Shini. Cayayaanka markuu wax qaniinno miciida kulul wax kaga taga, malabkana sameeya.

beetle (bii tal) Cayayaan baalal leh oo marna duul-duule marna orda.

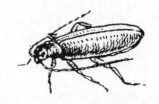

beetle

begin (bi gin) Bilaw. Ugu horeeynta aan waxna ka horayn.

bell (bel) Dawan. Koorta birta ah ee dhawaaqa dheer.

bell

belt (belt) Xiisaan. Suunka dhexda.

bicycle (baysi kal) Baaskeelad. Bushkuleeti. Makiinada laba shaag leh ee la fuulo. Waa gaadiid meel lagu tegi karo.

big (big) Wax weyn.

bird (berd) Shimbir.

birthday (bee*rth* dey) Maalintaad dhalatay.

bite (bayt) Qaniinyo. Hudhmo.
I Ilkaha marka wax lagu goosto.

black (blak) Madaw.

blackberry (blak barii) Midhomadow. Waa midho madow oo dhulka qabaw ka baxa.

blackbird (blak berd) Shimbirmadoobeey. Shimbir madow oo af huruud (jaale ah) leh.

blackboard (blak boord) Sabuurad. Loox rinji madow la marshay oo tabaashiir (jeeso) lagu qoro.

blanket (blan kit) Buste. Kuberto. Shey culus oo dhaxanta laga huwado. Waxa badi laga sameeyaa dhogorta xoolaha.

blow (bloow) Afuufid. Neefi. Duufsi. Dabayl soo dhac.
I Afuufida wax la afuufo sida dabka.
2 Neefisga buufin ama shaaga gaadhiga la neefiyo.
3 Duufsiga sanka inta lays qabto laga keeno siin ama duuf.
4 Dabayshu marka ay soo dhacdo ee socoto.

blue (bluu) Bluug. Midabka cirka oo aan daruur lahayn.

board (boord) Loox. Qori dheer, balaadhan oo isku siman.

boat (boowt) Dooni. Gaadiid yar oo badda ama wabiga lagaga gudbo.

boat

body (bodii) Jidhka. Korka. Jesid.
1 Dadka iyo dugaaguba waxuu
leeyahay jidh u samaysan qaab
xayawaan ama bili'aadmi. Waxa
saabka dadka qaabka u yeela.
2 Meyd waxa ah wax oo aan nafi
ku jirin.

boil (boyl) Karkarin. Baylin. Waa
heerka kulaylka ee biyahu marka
uu kulayl dhaafo ee karkaro ama
fadhfadhleeyo.

bone (boown) Laf. Jiidhka
meelaha adag ee dhisa

book (buk) Buug. Xaanshiyo
badan, isku lifaaqan oo galaysan.
Weero ama qoraal ayaa badi ku
daabacan xaanshiyaha.

bookcase (buk keys) Kabadh-
buugaageed. Armaajo-
buugaageed. Waa kabadh/
armaajo buugaagta lagu raseeyo
oo khaanado leh.

boot (buut) Buudh. Kabaha
dhaadheer. Waxa badi la xidhaa
qaboobaha.

borrow (boroow) Amaah.
Deyn. Waa sii qaadashada wax
dib loo celin doono sida lacag
ama alaab.

bottle (botal) Quraarad. Dhallo.
Waxa lagu shubto biyaha,
caanaha, ama malabka ee furka
leh. Waxaa badi laga sameeyaa
galaas ama caag.

bounce (bawns) Kor u
boodboodo. Kubada cinjirka ah
marka dhulka lagu dhufto habka
ay u boodboodo ayaa kor u
bood celcelis ah dhaliya. Kaas
ayaa (baawns) la yidhahaa.

bowl (boowl) Madiibad. Baaquli.
Waa weel weyn, weegaarsan oo
godan. Wax ayaa lagu shubtaa
ama cunaa.

bowl

box (boks) Sanduuq. Badi waxaa
laga sameeyaa loox. Waxaa lagu
ritaa dharka iwm. Waxuuna
leeyahay muftaax lagu xidho.

boxer (boksa) Feedhyahan. Inta
gacmaha la duubto ayaa lagu
dagaalamaa. Feedhtanka
caalamiga ah waxaa la gashadaa
gacmo gelis adag oo saan laga
sameeyay.

abcdefghijklmnopqrstuvwxyz

boy (boy) Wiil. Waa ninku marka uu yaryahay ee aanu qaan gaadhin.

bracelet (brey slat) Shuuliyo. Dugaagad. Waa waxa dahab ama sufur ka samaysan ee curcurka lagu xidho oo aan saacad ahayn.

branch (braanch) Laanta. Waa geedka xubin ka mid ah oo caleen badan.

brave (breyv) Geesi. Warac. Waa qofka khatarta aan ka baqin.

bread (bred) Roodhi. Rooti. Waa bur/daqiiq la xasho, la faxiyo (dhanaaniyo) oo marka ay kacdo la dubo. Waxa la marsadaa jaam, ama waxa lagu cunaa suugo iyo wax la jira.

breakfast (brek fast) Quraac. Af bilaw. Cuntada aroortii la cunno.

breathe (briith) Neefsasho. Afka ama sanka hawada laga qaato. Hawada waan qaadanaa ama waa soo celinaa.

brick (brik) Leben. Waa dhoobo la dubay oo qaab saanduuq yar u googo'an. Guryaha qaarkood laban baa lagu dhisaa qaarna dhagax.

bridge

bridge (brij) Briij. Buundo. Waddo laga sameeyay laba meelood oo kala go'an. Waxa badi briij laga dul dhisaa meel biyo mareen ah, xadiid tireyn korkii iyo jidadka waaweeyn ee baabuurtu xawaaraha dheer ku marto.

bright (brayt) Iftiin. Wax iftiimaya. Wax nuura oo if badan.

broom (bruum) Mafiiq. Xaaqin. Iskoobo. Xaaqinta leh qoriga dheer ee labada gacmood lagu qabsado marka wax lagu xaaqayo (fiiqayo).

brother (braatha) Walaal. Waa wiilka kula dhashay.

brown (brawn) Buni. Waa midabka carada wax lagu beerto u e'eg. Dhoobada dheryaha laga sameeyo ayaa buni ah.

brush (braash) Brush. Braash. Waa qalabka bul leh ee noocna wax lagu rinjiyeeyo noocna timaha lagu feedho nooca kalena wax lagu xaaqo.

9

bubble (baa bal) Xooris. Xoolaha marka la lisayo caanaha waxaa dhex gala hawo oo ka xooriya. Sidoo kale biyaha marka uu karkarayo hawaa ku jirta oo ka 'kadhkadh siisa'. Asbarooga marka biyaha lagu rido wuu 'fishfish' leeyaa. 'Shawshawda' caanaha marka la lisayo, 'kadhkadha' wax karkaraya iyo 'fishishta' asbarooga intuba waxa lagu adeegsadaa erayga (bubble) afka ingriisiga.

bucket (baakit) Baaldi. Weel godan, sidde leh oo biyaha iyo wax la mid ah lagu shubto.

buckle (baakal) Qaḍhabi. Suunka dhexda lagu xidho meshaa isku xidha ee birta ka sameysan ayaa bakal la yidhaahaa.

builder (bildạ) Wasdaad. Waa dhisaha daaraha.

building

building (bilding) Daar. Dhismo. Waa dhismo meel ka taagan nooc uu yahayba.

bulb (baalb) Guluub. Nalka inta buuran ee badi cad ee iftiinka bixisa.

bulb

bullet (bulit) Xabad. Rasaas. Waa waxa bunduqa ka dhaca marka la riddo

bump (baamp) Isku dhac. Buusbuus ama meel kuusan.
1 Laba wax oo si lama filaan ah isugu dhaca.
2 Marka nabar kugu dhaco oo meeshu buurato.
3 Meel aan isku sinayn oo turunbuuqo leh.

burglar (ber gla) Tuug. Qofka guryaha jabsada ee u dhaca waxna ka xada.

burn (bern) Gubasho. Meel dab qabsaday ama wax gubtay.

bus (baas) Bas. Gaadiidka weyn oo xidhan dad iyo allaabo badanba qaada.

bush (bush) Geed-cuf. Geed gaaban oo isku cufan.

abcdefghijklmnopqrstuvwxyz

busy (bizii) Mashquul. Hawlan. Waa marka hawl fara badan la hayo.

butcher (bu *cha*) Hilibleh. Waa qofka xoolaha qala ee gada.

butter (baata) Subag. Badhar. Waa subaga marka caanaha la lullo ka baxa.

buttercup (baata kaap) Ubax-hurdi. Waa ubax huruud ah oo iskii isaga baxa isaga oo aan cidi beerin.

butterfly

butterfly (baata flay) Balanbaalis. Cayayaan baalal midabyo qurux badan leh oo duul badan

button (baa tan) Badhan. Galuus. Wax yar weegaarsan daldalool leh ee laabta shaadhka, koodhadhka iyo kurdadaha laab furanka ah isku xidha.

button

buy (bay) Gadasho, libsasho. Waa sida aad ku hesho waxaad rabto marka aad lacag bixiso.

Cc

cabbage (ka bij) Kaabash. Khudrad ur qadhmuun marka la karsho. Waxa kaabashku leeyahay cleemo isku cufan oo badi midab cad.

cage (keyj) Qafas. Waa meesha xayawaanka ama shimbiraha lagu xareeyo ee shebega leh.

cake (keyk) Keeg. Doolshe. Muufo macaan oo daqiiq, sonkor, beed, caano ama biyo lagu qooshay oo la foorneeyo (dubo).

camel

camel (kamal) Geel. Waa xayawaanka hal ama labada kurus leh ee dhulka lama degaanka ku nool.

camera (kam ra) Kamarad Qalabka wax lagu sawiro.

abcdefghijklmnopqrstuvwxyz

camp (kamp) Teendho. Tanbuug. Guriga lala guurguuro ee sida hawsha yar loona dhiso loona furo.

candle

candle (kan dal) Shamac. Laambad. Waa wax xaydh laga samey oo marka la shido iftiinsha meel madow oo nal aan lagu haysan ama laga rabin.

cannon (kanan) Bunduq-madfac. Waa qalab weyn oo sida bunduqa u sameysan oo madaafiicda laga rido waqtiga dagaalka.

canoe (kanuu) Dooni yar. Huuri. Gaadiidka badda lagaga gudbo ka ugu yar ee dhinacyada ulo lagaga seebo (wado).

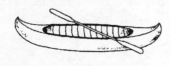

canoe

cap (kap) Koofiyad. Madaxa ayaa la gashadaa waqti gaboobaha ama waaba lagu xaragoodaa.

captain (kaptan) Sareeye Guuto. Waa qof u sareeya urur ah ciidamada dhulka ama cirka.

car (kaar) Ghaadi. Fatoorad. Gaadiid yar oo dad yar iyo qalab yar qaadi kara.

cardboard (kaard boord) Qardaas. Wax waraaq adag ka sameysan.

carpenter (kaar pen ta) Najaar. Waa qofka looxyada qalabka ka sameeya.

carpet (kaar pit) Roog. Waa sali dun ama dhogor ka sameysan oo guryaha dhulka lagu goglado.

carriage (karij) Waxa gaadhi faraska jiida ee wax qaadqaada. Waxa kale oo uu yahay qayb tareen qaybahiisa la raaco ka mid ah.

carrot (karat) Kaaradh, Karoote. Daba-case Waa khudrad casaan ah oo afka u yara buuran oo dhawr caleemood oo caqaar ah ku leh. Sanuunada (suugada) ayaa badi lagu daraa, iskeedna waa loo cuni karaa iyada oo aan la dhilayn (fiiqayn).

abcdefghijklmnopqrstuvwxyz

cart (kaart) Gaadhi Faras. Waa wax gaadhi xamuulka intiisa dambe oo aan shidhka lahyn u e'g oo faras jiido.

cartoon (kaar tuun) Sawir Jini-jini.
1 Sawir si qosol leh wax u canjilaya.
2 Filim caruureed muujinaya sawiro qosol leh.

castle

castle (kaa sal) Qalcad. Qasri. Waa dhismo loogu tallo galay in cadawga layskaga daafaco waqtiga dagaalka. Habka loo dhisay ayaa hab daafac gal ah. Guri boqor.

cat (kat) Bisad. Mukulaal. Xayawaanka yar ee libaax u eg. Bisadaha qaarna waa rabaayad oo guryaha ayaa lagu haystaa qarna waa bisad dibadeed oo waa dibad joog.

cat

catch (kach) Qabo. Waa marka labada gacmood ama mid ka mid ah wax lagu qabto.

caterpillar (kata pila) Dirindiir. Cayayaan dirxidheer oo buuran u e'g. Waxay marka ay dhalato muddo ka dib isu bedeshaa balanbaalis.

cause (kooz) Ugu Wacan. Dhalin.
1 Wax dhacay wixii dhaliyay ama waxa ugu wacan in uu dhaco.
2 Roob badan waxuu dhaliyaa in nabaad badan baxo.

cave (keyv) God (bahal). Godka badi laga hello buur docdeed ama dhadhaab (dhagax weyn) agtii waxa waayadii hore ku noolaan jiray dad.

ceiling (siiling) Saqaf. Guri walba waxa uu leeyahay saqaf ka cesha roobka, qoraxda iyo wixii la mid ah.

chain

cellar (sela) Qol Dhusin (hoose). Waa qol laga dhiso dhulka guriga hoostiisa ah.

abcdefghijklmnopqrstuvwxyz

centre (sent*a*) Badhtame. Dhex. Waa dhexdhexaadka wax kasta.

chain (*ch*eyn) Silsilad. Waa biro laysku xidhxidhay oo weegaaran.

chair

chair (*ch*eer) Kursi. Waa barjin dhabar leh oo lagu fadhisto kana joog weyn barjinka.

chalk (*ch*ook) Tabaashiir. Jeeso. Waa dhagaxa jilicsan ee cad ee sabuurada lagu qoro.

chase (*ch*eys) Baacsi. Eryasho. Waa ka daba orodka; wax laga dabo ordo si loosoo qabto ama gaadho.

cheap (*ch*iip) Raqiis. Jaban. Wax lacag yar la siisto.

cheat (*ch*iit) Khiyaano. Khashkhash.
1 Wax aan lilaahinimo ku jirin.
2 Qof marka laga dhaadhiciyo wax aan run ahayn ee uu rumaysto.

cheek (*ch*iik) Dhaban. Labada dhinac ee wajiga mid ahaan.

cheese (*ch*iiz) Burcad Dhanaan. Foormaajo. Burcad la fadhiisiiyay, dhanaan oo ur kulul.

cherry (*ch*ee rii) Midho-cas. Midho cascas, macaan oo dhexda laf ku leh.

chicken (*ch*i kan) Digaag. Digaagad yar. Dooro. Dooro yar.
1 Waa digaag yaryar marka **ay** dhowr cisho (beri) jiran.
2 Waa dhasha yaryar ee digaagu inta aanay wax dhalin.

chicken

child (*ch*ayld) Ilmo. Cunug. Waa marka qofku sanad jir dhaafo ilaa inta uu ka qaan gaadhayo.

children (*ch*il dran) Caruur. Wixii laba caruur ah ka badan wiilal iyo gabdhaba.

chimney (*chim* nii) Qiiq sii daaye. Dalalka qaboobaha guryahooda badi waxa laga sameeyaa dalool kasoo daadaga saqafka kuna dhamaada meel loogu tallo galay in waqtiga qaboobaha dab guriga kuleeliya lagu shito. Kaas ayaa loo yaqaan jimnii.

chimpanzee (*chim* pan zii) Daayeer. Daanyer. Daanyeer yar oo caqli badan.

chimpanzee

chin (*chin*) Gadhka. Garka. Waa wejiga meesha afka ku hoos taal ee weegaaran. Raga timo ayaa ka baxa.

china (*chayna*) Shiine. Dhoobo.
1 Waa dalka dadka Shiinahu ku nool yahay.
2 Weelka nooca dhoobada laga sameeyo ayaa jaayna la yidhaahaa.

chocolate (*chok* lat) Shaaglaydh. Jokolaato. Waa nacnaca buniga ah ee jilisan.

Christmas (kris mas) Krismiska ama lida Kristaanka. Waa maalintii nebi Ciise dhashay ee ku beegan 25ka bisha Diiseembar.

circle (ser kal) Goobaabin. Isku so wareega liid sida giraangirta.

circus (ser kas) Carwo Dad iyo Dugaag. Waa carwo ay soo bandhigaan dad iyo dugaag xirfado indho sarcaadin leh sida maroodi niikinaaya iyo nin gacmaha ku socda.

city (sitii) Magaalo. Waa magaalo aad u weeyn oo daar iyo dad badan.

classroom (klaas rum) Fasal. Waa qolka ardayda wax lagu baro.

clean (kliin) Nadiif. Wax aan wisikh ahayn.

clever (kle va) Xariif. Caqli badan. Dhakhso wax u garasho iyo barasho degdeg ah.

abcdefghijklmnopqrstuvwxyz

climb (klaym) Kor u kor. Waa marka meel kor ah la koro ee gacmaha iyo lugaha la adeegsado ee wax lagu qabqabsado.

clock (klok) Saacad weyn. Goorsheeg weyn. Waa makiinadda waqtiga sheegta ee laga eegto.

cloth (kloth) Maro. Maryaha la xidho, la goglado ama la huwado.

clothes (kloow z) Dharka.

cloud (klawd) Daruur. Cirka daboolka cad ee guurguura ee qarsha marka roobku soo dhawyahay.

clown

clown (klawn) Majaajileeye. Qof si ulakaca dadka uga qosliya oo dharkiisa iyo suuradiisaba lagu qoslo.

coat (koowt) Koodh. Jaako. Sheyga ragu badi xidho ee ka dul gashadaan shaadhka (shaatiga) ee laab furanka ah labada jeebna badi leh. Waxaa jira kuwo culculus oo dhaxamaha loogu tallo galay.

cobbler (kob la) Kabo Tolle. Waa qofka kabaha tola.

cobweb (kob web) Guri Caarro. Waa hooyga caaradu samaysato.

cocoa (koow koow) Kooke. Waa cabitaan madow noocyada cabitaanka ka mid ah.

coconut (koow ka naat) Qumbe. Khudrad qolof adag, dhex cad oo cudbi la moodo leh. Marka la kala jebiyo waxa uu leeyahay biyo dhexda ugu jira oo la cabo inta cudbiga u egna waa la cunaa.

coffee (ko fii) Bun. Kafeey. Waxa loo cabaa sida shaaha. Waxuu leeyahay midho la dubo, la shiido oo biyo lagu karsho si loo cabo.

coin (koyn) Cadadi. Beesad (Taano). Lacagta naxaasta laga sameeyo ee googoa loo yaqaan.

abcdefghijklmnopqrstuvwxyz

cold (koowld) Qaboow. Dhaxan. Duray.
1 Wax qaboow ama meel qaboow.
2 Dhaxani marka ay ku qabato.
3 Duray marka uu kugu dhaco.

collar (kola) Kaladh. Shaadhadhka ama funaanadaha soo wareega qoortooda ee dib u laabma.

colour (kaala) Midab. Casaan, cadaan iyo madow waa midabyo ka mid ah todobada midab ee laga sameeyo midabyada intooda kale.

comb (koowm) Garfeedh. Shanlo. Waa qalabka ilkaha leh ee qoriga, birta ama caaga ka sameeysan ee timaha lagu feedho.

comic (komik) Sawir qosol. Sawir sheeko sheegay qoraal l'i oo qosol iyo majaajilo leh.

cook (kuk) Karin. Bislayn. Shaqaale cunteed.
1 Waa marka cuntada dabka lasaaro ee la rabo in la bisleeyo si loo cuno.
2 Qofka cuntada karinteeda yaqaan ama ku shaqeysta.

copy (kopii) Naqil. Guuris. Wax la rabo isaga oo aan qoraalkiisii waxba iska bedelin in meel kale lagu qoro.

corner (kooma) Koone. Geftin. Waa meesha laba dheri ama wax isugu yimaadaan ee iska soo galaan.

cot (kot) Xool. Sariir caruureed.

cottage (kotij) Guri-cariish. Guri saqaf caws ah leh oo aan cariish asal ah ahayn ee dhagax badi ka samaysan.

couch (kawch) Soofe. Kursi dheer. Kursi saddex ama laba qof qaada.

counter (kawnta) Miis dheer oo dukaan. Marka dukaanada wax laga iibsado, mesha alaabta lagu kala gato.

country (kaantrii) Dal. Wadan. Dhul. Carro. Baadiye.
1 Arli ama wadan dad ku noolyahay oo iska leeyahay.
2 Af Ingriisiga waxaa eraga la adeegsan kara marka loola jeedo baadiyaha aan magaalada ahayn.

cousin (kaazan) Ina-adeer. Waa ilmaha adeerkaa/abtigan dhalay ama ilmaha eedadaa/habaryartaa dhashay.

abcdefghijklmnopqrstuvwxyz

cover (kaava) Dabool. Daahsan. Waa marka wax la dul saaro wax kale si ka hoose loo qarsho.

cow (kaw) Sac. Neefka lo'da ah kan caanaha laga liso ee dhedig.

cow

crab (krab) Qooqab. Kaluun qolof adag, shan lugood oo labo cidiyo dhaadheer yihiin leh.

crab

cradle (kreydal) **cot** eg

cross (kros) Isku talaab. Gudibid. Talaw. Is weeydaar.
I Laba xariiqood oo is weeydaarsan sidan oo kala 'x'.
2 Jid marka laga gudbayo.
3 Labada lugood marka lays weeydaarsado.

crown (krawn) Taaj. Kugta.
I Waa waxa dahabka, luulka iyo dheemanka ka samaysan ee Boqorada iyo Boqoradahu madax ku xidhaan.
2 Madaxa halka ugu sareeysa.

crumb (kraam) Burbur roodhiyeed. Qayb yar ama qurub la shiiday oo roodhiyeed ama keeg ah. (doolshe)

cry (kray) Oohin. Ilmo. Qaylo.
I Waa marka biyo indhaha ka yimaadaan cadho ama murugo awgeed.
2 Dhawaaqa dheer ee lagu dhufto marka la baqo am la damqado.

cup (kaap) Koob. Weel yar oo dheg leh oo wax lagu shubto laguna cabo.

cupboard (kaa bad) Kabadh. Armaajo. Looxyo laysku xidhxidhay oo laba albaab leh oo dharka lagu gurto. Waxa uu dhexda ku leeyahay rakooyin wax la saarsaaro.

curly (ker lii) Garaaro. Isdab. Wixii aan toos ahayn sida timo garaaro leh ama isdab leh.

curtain (ker tan) Daah. Marada daaqadaha lagu xidho si aan dibada laysaga arkin.

abcdefghijklmnopqrstuvwxyz

curve (kerv) Godan. Qalooca. Wixii qaabka qaansada leh ee aan toos ahayn. Waxuu u dhigmaa isku wareega badhkii.

cut (kaat) Gooyn. Kala yaal.
1 Goynta wax isku yaal la kala gooyo.
2 Wax kala go'an oo aan isku ool.

Dd

daffodil (dafa dil) Ubax. Ubax noocyada ubaaxyada ka mid ah oo ubo u e'eg.

dagger (daga) Toori. Mindi af dhuuban oo soodh u e'eg.

dagger

daisy (deyzii) Ubax.

dance (daans) Dheel. Ciyaar. Xarigaad. Waa marka jidhka la dhaqdhaqaajiyo iyada oo lala raacayo muusiko ama hees socota.

dangerous (deyn jaras) Khatar. Halis. Waa waxyeelo ku imankarta ogsooni ama ogsooni li'i.

dark (daark) Madow. Nal iy iftiin li'i ama waa marka qoraxdu dhacdo ee cirku madooyahay.

daughter (doo ta) Inanta. Gabadha. Waa reer gabadhiis.

dawn (doon) Qorax soo bax. Waa marka waagu soo baryo ee qoraxdu soo casaato.

day (dey) Maalin. Waqtiga u dhexeeya qorax soo baxa iyo gorax dhaca.

dead (ded) Dhimasho. Naftu marka ay hoyato ee aakhiro la tago.

decorate (de kareyt) Sharaxid. Qurxin. Meel ama wax waxuu ahaa wax lagu daro si indhahu u jeclaystaan aragtidooda.

deep (diip) Qoto Dheerdheer. Arrin ama wax qoto dheer.

deer (diiya) Deero. Waa xayawaan cawsha ka mid ah, oo dheeraysa.

abcdefghijklmnopqrstuvwxyz

den (den) God bahal. Waa godka xayawaanku qoto ee ku noolyahay sida bakaylaha ama waarabaha.

dentist (den tist) Dhakhtarka Ilkaha. Waa dhakhtarka ilkaha ka shaqeeya. Ilkaha suusku galo waa buuxshaa ama ridaa kuwa soo taagtaagana waa isku simaa kuwa u baahan in dahab lagu dahaadhana waa dahaadhaa.

desert (de zert) Lama Degaan. Dhul nabaad guuray oo aan wax badan ka bixin roob yar iyo biyo la'aan awgeed.

desk (desk) Miis. Waa miis wax akhris iyo qorid loogu tallo galay.

diamond (day mand) Dheeman. Dhagax qaali ah oo la xidho.

diary (dayrii) Buug Xasuus Qor. Waa buug lagu qoro maalin waalba wixii aad damacsantahay in aad qabato oo kula socodsiiya waxa aad qabatay waqti la soo dhaafay iyo waxii u baahan in aad sameeyso waqti aan weli la gaadhin.

dictionary (dik shanrii) Qaamuus. Eray bixin micneeya erayada ka kaca xarfaha a, b, t, ilaa dhamaadkeeda ayaa la magac baxa - Qaamuus.

different (dif rant) Kala Duwan. Jaad Gooni. Laba wax iyo wax ka badan oo midba jaad yahay.

difficult (di fi kalt) Adag. Wax garashadiiso aanay jilcsanayn.

dig (dig) Qod. Fag. Waa marka dhulka la daloosho ee god laga sameeyo. Waa falka dhul daloolinta.

dinner (dina) Qado. Cuntada duhurkii la cuno.

dirty (dertii) Wisikh. Uskag. Wax in la dhaqo (maydho), masaxo ama safeeyo u baahan. Wax aan nadiif ahayn.

disappear (disa piya) Libidh. Wax mar kali ah muuqiisa la waayo.

dish (dish) Sixni. Saxan. Weelka wax lagu cuno ee godan ee balaadhan.

doctor

doctor (dok ta) Dhakhtar. Dadka iyo dugaagba wixii buka qofka daaweeya.

20

abcdefghijklmnopqrstuvwxyz

dog (dog) Eey. Xayawaanka muslinka aan loo ogolayn in isaga oo qoyan ay taabtaan ee raabaayada ah. Waa xayawaanka u eeg yeeyga.

dog

doll (dol) Caruusad Ciyaareed. Qofka yar ee badi caag laga sameeyo ee ay caruurtu ku ciyaaraan.

donkey (don kii) Dameer. Xayawaanka faraska u e'eg ee dhegaha dhaadheer. Waa la rartaa, la fuulaa ama gaadhi baa lagu xidhiidhiyaa oo gaadhi dameer baa la yidhaahaa.

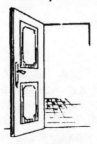

door

door (door) Albaab. Irid. Afaaf. Ilinka afaafka ama meesha guryaha ama qolalka laga soo galo.

double (daa bal) Labanlaab.

Waa laba jeer marka wax laysu geeyo. Wax laban laabmay sida $2+2 = 4$.

dragon (dra gan) Xaywaan sheeko caruureedka xiiso geliya, jeerta u qaab e'eg oo afka dab ka sii daaya. Sheeko beenbeenaadka ayaa laga helaa.

draw (droo) Sawir. Sawiridda qalinka wax lagu sawiro.

dress (dres) Labisasho. Kurdad. Canbuur.
1 Xidhashada wax la xidho.
2 Sheyga dheer ama gaaban ee haweenku googarada ama xamaalada ka dul xidhaan.

drink (drink) Cabid. Cabitaanka la cabo caano ama sharaab kale. Maritaanka dareere dhuunta la marsho.

drive (drayv) Wadid. Dhaqaajin. Waa marka wax meeshii uu joogay ka durko ama socdo. Wadida gaadiidka la wado.
drop (droρ) Rid. dhicid. Wax kas ama lama filaan loo rido.

drum (draam) Durbaan. Qalabka musiikada mid ka mid ah, ka sameeysan saan oo

21

dhawaaq dheer bixiya marka la tumo.

dry (dray) Qalayl. Engeg. Wax biyaha laga dhameeyay. dharka marka la dhaqo ee qoraxda loo dhigo waa la engejaa.

duck (daak) Badad. Boolo-boolo. Shimbir afdheer, lugo balbalaadhan socod gaabisa, biyaha ku dhex nool oo dabaal jecel.

duck

Ee

ear (iya) Dheg. Jidhka dadka iyo dugaagaba meesha wax lagu maqlo.

ear

early (erlii) Goor Hore. Waqtigii la rabay ama la filayay marka laga soo horeeyo.

ear-ring (iya ring) Wasaaqyo. Dhego-dhego. Hilqado. Labada wax ee dhegaha la sudho ee qurxinta ka mid ah.

earth (erth) Carro. Aduun Weyne.
1 Carra guduuda wax lagu beero.
2 Aduun weeynaha lagu nool yahay.

easy (ii zii) Jilicsan. Sahlan. Dhib yar. Hawl yari wax loo qaban karo ama fahmi karo.

eat (iit) Cunid. Gelinta afka calaalis la gesho, la calaasho ee la liqo.

edge (ej) Geftin. Meesha uu wax ku dhamaado sida geftinka miiska.

egg (eg) Beed. Ukun. Naalo. Ugxan. Digaagu waxa ay dhalaan waxa qaabka kubada leh, dhexda xabka cad inta huruuda ah ku leh digaagadu waxa ay dilaaciso ee digaaag yaryar noqda ama sidiisaba loo cuno.

elbow (el boow) Suxul. Meesha gacantu ka laabanta ee ah badhtamaha gacanta.

22

abcdefghijklmnopqrstuvwxyz

elbow

electricity (ilek tris itii) Nal. Koronto. Waxa guryahu marka ay madaw yahiin la shito.

elephant (eli fant) Maroodi. Xayawaanka aad u qaab weyn, gacanka dheer iyo foolka leh.

elephant

empty (emp ti) Madhan. Wax ama meel aan wax ku jirin.

end (end) Dhamaad. Gebogebo. Marka wax halkii ugu danbeeysay laga gaadho sida sheekada.

enemy (en amii) Cadaw. Wixii kula col ah ee kaasoo hor jeeda.

engine (en jin) Hinjiin. Matoor. Makiinad. Waa makiinada wax wada, ama ka shaqaysiisa baabuurta, dayaaradaha ama harqaanka dharka tolla.

enjoy (en joy) Ka helid. Wax lala dhacay. Waa wax aad u bogtay dhegaysigiisa, aragtidiisa ama qabashadiisaba.

envelope (en va loowp) Gal Waraaqeed. Waa galka la gesho waraaq qoran ee cinwaanka lagu dul qoro, ka dibna laga diro boosta.

evening (iiv ning) Fiid. Habeen. Waa habeenku marka uu ka bilaabmo makhribkii ilaa habeenka dhamaadkiisa.

exciting (ek say ting) Farxad dhaaf. kala badasho. Dhasalaalaq. Waa farxad awgeed marka qofku isku dardarsamo ee kala bato.

eye (ay) Il. Labada indhood ee wax lagu arko midkood.

eyebrow (ay braw) Suuni. Timaha indhaha korkooda ku yaala mid ahaan.

eye

23

Ff

face (feys) Weji, Jaaha. Jaaha ay ku yaalaan labada indhood, sanka iyo afku.

fair (feer) Carwo. Bandhig qalab ciyaareed.

fairy (fee rii) Feeri Waa qof beenbeenaad baalal ku duula oo sheekooyin beenbeenaadka carruurta ku jira.

fall (fool) Dhicid. Wax meeshiisii kasoo dhaca ama qof labada lugood u baxeen oo hore, dib ama dhinacyada u duulay.

family (fam lii) Reer, xaas ama goys. Hooyo, aabe iyo carruurtooda.

fan

fan (fan) Marawaxad. Babis. Waa sheyga noocana gacanta lagu qabsado ee laysku marawaxadiyo kan kalena korontada (nalka) la gesho ee hawada qabaw ina siisa waqtiga kulylaha.

far (faar) Fog. Meel dheer oo aan dhaweyn.

farm (faarm) Beer. Bustaan. Dhulka lagu beerto khudrada, xabuubka iyo wixii la mida ah.

farmer (faarma) Beerole. Qofka beerta fala ee ka shaqeeya.

fast (faast) Dhakhso. Wax aan gaabinayn. Wax aan la gaadhayn. Wax xawaare dheer gooyay.

fasten (faa san) Xidhid. Guntin. Laba wax oo laysku xidho sida laba xadhig. Badhanka marka daloolka la gesho ee shey laab furan ah sida shaatiga la xidho.

fat (fat) Buurnaan. Shaxam. Shilis. Waa marka jidhka hilibku ka bato. Qof hilib qariyay. Qof qaro weyn. Qof miisaan weyn.

father (faa tha) Aabe. Ninku carruurta uu dhalay waxa uu u yahay. Aabe waa waalidka ina dhalay ee lab.

feather

feather (fe *tha*) Baal. Shimbirahu waxa ay ku duulaan. Baal shimbireedka daa'uuska ayaa baalasha shimbiraha ugu qurux badan oo sida ubax guryaha loogu sharaxdaa.

feed (fiid) Cuntays. Wax siinta, cuntaysiinta, ama qof cunto la siiyo. Ilmo yar marka afka wax loogu guro.

feet (fiit) Cagaha. Hal cag wixii ka badan. Waa cagta hoose inta dhulka la dhigo ee lagu dhaqaaqo.

fence (fens) Waayir, Silig, Xeeydaan. Waa meel marka deyr lagu wareejo ee irid laga gallo loo sameeyo.

fetch (fech) Keen. Ka soo qaad. Wax meel laga soo qaadaayo oo meel kale la geeynayo.

few (fyuu) In yar. Wax naqan. Wax aan badnayn.

field (fiild) Dhul bannaan. Jaggo bannaan. Meel aan wax ka dhisnayn sida garoon kubadeed.

fight (fayt) Dagaal. Is tun. Isku boodis. Waa marka wax laysku af garan waayo ee inta af laysla dhaafo gacan laysula tago.

fill (fil) Buuxin af joojin. Ku guridda ama ku shubida wax meel lagu guro ama shubo ilaa aan wax danbe lagu guri ama shubi karin. Wax afkaa jooga oo hadii wax lagu darro fatahaya.

film

film (film) Silimoo. Shaneemo. Filim. Wax daawad wacan, oo gelitaankiisa lacag ah oo leh sawir dhaqdhaqaaqaya iyo hadal xiiso leh.

find (faynd) Helid. Marka wax la la'aa la arko ee la hello.

finger (fin *ga*) Far. Gacan walba waxa ku yaal shan farood.

finger

finish (fin ish) Dhamays. Gabogabo. Waa marka wax halkii ugu danbeeyaay laga gaadho oo lasoo gabagabeeyo.

25

abcdefghijklmnopqrstuvwxyz

fire (faya) Dab. Gubasho.
1 Kul heer sare marka uu gaadho, olol wax lagu qabsado yeesha sida heer kulka wax lagu karsoda.
2 Meel dab qabsaday oo dab ka kacay.

fire-engine (faya-enjin) Dab Demis. Gaadhiga dabka kaca demiya.

firework (faya werk) Rash qarxin. Waa qarxinta rash fara badan la qarxiyo marka fandasiye jiro. Qarxinta rashka ayaa faaya-weerk la yidhaahaa.

first (ferst) Kowaad. Horeeye bilaw. Waa waxa wax ugu horeeya ee aan wax kale ka horeeyn.

fish

fish (fish) Kaluun. Malaay. Waa xayawaanka hilibkiisa la cunno, qodaxda layska ilaaliyo leh marka la cunnayo ee bada ku nool.

fisherman (fisha man) Kaluumayste. Waa qofka shaqadiisa gaarahaaneed tahay kaluunka (malaayga) in uu bada kasoo qabto oo laga gato.

fist (fist) Tantoomo. Gacmo duub. Waa marka labada gacmood la duubto ee feedh loo diyaar garoobo. Waa cagan duuban ama tantoomo.

fix (fiks) Samayn. Hagaajin. Haagaajinta ama samaynta wax la sameeyo.

flag (flag) Calan. Gobol maro ah, astaan wadan lagu garto oo marka gumeeysi laga madax banaanaado la sudho oo micne weyn leh.

flame

flame (fleym) Ollol. Holac. Marka dhuxushu cadaato waxaa ka baxa olol kor u kaca.

flat (flat) Balaadhan. Isku siman. Wax fidsan oo aan kala dhaadheerayn ee isku siman.

floor (floor) Dhulka. Dhulka lagu socdo.

abcdefghijklmnopqrstuvwxyz

flour (flaw *a*) Daqiiq. Bur. Waa waxa cad, shiidan oo laga sameeyo sabaayada ama lagu daro cajiinta marka canjeelada la qooshayo.

flower

flower (flaw *a*) Ubax. Waa geed yar ama laamo curdin ah oo korkooda ay ka baxaan qayb qurxan oo midabyo leh.

fly (flay) Dukhsi. Dixsi. Duul. Lalida cirka.
1 Cayayaan baalal leh, duul duula oo wisikhda jecel. Carruurta hadii aan loo af dhaqin afka ayuu iskaga taagtaaga.
2 Duulid baal iyo wax la mid ah lagu duulo.

fog (fog) Ceeryaan. Waa marka hawada biyo ka buuxo ee sida meel fog wax looga arkaa adagtahay.

fold (foowld) Laablaab. Wax qaabkiisii hore laga yareeyay oo la duuduubay.

follow (fo loow) Dabo socod. Kala danbeeyn. Is dabo joog. Waa wax ama dad si is dabo jooga isugu xigxiga ama is daba gala.

foot

foot (fut) Cagta. Lugta meesh marka la taaganyahay ama socdo dhulka la dhigo.

football (fut bool) Kubada cagta. Ciyaarta kubada la laad laado ee goolasha lagu kala badiyo.

forehead (foo *r*ad) Fooda. Salaanta. Wejiga meesha suniyaha iyo halka timahu wejiga ka soo galo u dhexaysa. Muslinku marka ay tukanayaan waa meesha ay dhulka dhigaan.

forest (fo rist) Kayn. Cayn. Waa dhir fara badan oo meel ka wada baxday.

fork (fook) Fargeeti. Malqacada saddexda faraod leh ee cuntada lagu cuno, khaas ahaan baastada.

27

fort (foot) Qalcad. Guri ama dhismo loo dhiso hab loogu tallo galay in waqtiga dagaalada cadawga layska daafaco oo qabsashadiisu adagtahay.

fountain (fawn tan) Il-biyood. Meel loo sameeyay si biyahu si xoog leh mar qudha ugu soo baxo oo kor isu ganno.

fox (foks) Dacawo. Xayawaan dibad joog ah, dabo dheer oo maqasha (waxaraha iyo naylaha cunta.

fox

freeze (friiz) Qaboow dhaaf. Biyahu marka uu qabaw dhaaf awgii fadhiisto. Qabaw gaadhay heer qaboow dhaaf.

friend (frend) Saaxiib. Laba qof oo kalgacayl walaalnimo ka dhaxayso.

frightened (fray tand) Baqo. Cabsi. Fajoco. Wax aanad filanayn oo markali ah aad maqasho ama aragto oo kaa bajiyay.

frog (frog) Rah. Xaywaanka afarta lugood leh ee waqtiga roobku da'o biyaha dhexdiisa ka mashxarada (ciya) isaga oo aad u faraxsan, ee boodbooda.

frog

frost (frost) Dhedo. Aroorta hore marka qabaw jiro wax dhulka qariya ee aan meel fog wax laga arki karin.

fruit (fruut) Khudrad. Muuska, canbaha, qaraha, iyo wixii kale ee macaan ahaan loo cunno ayaa khudrad ah.

full (ful) Buuxa. Marka wax meel ku jira aan wax kale lagu dari karin ee meel aaney u banaanayn.

fun (faan) Iska Tumis. Waqti fiican.

fur (fer) Dhogor. Timaha korka xaywaanka ka baxa ee jilicsan.

furniture (fernicha) Alaabo guri wixii aan maacuun ahyn. Qalabka guriga la dhigto sida sariiraha, kuraasta, iyo armaajooyinka (kabadhada) ayaa ah fernijar.

Gg

garage (ga raaj) Geerash. Meesha gaadhiga lagu xareeyo marka aan la wadanayn, ama lagu hagaajiyo

garden (gaar dan) Beer. Dhulka la falo ee wax lagu beero.

gate (geyt) Ganjeello. Irrida weeyn ee loogu tallo galay gaadiidka, qalabka waweyn iyo dadku inay mari karaan.

geese (giis) Boolo-boolooyin. Badad. Wixii hal boolo-bool ka badan. Shimbirta cagaha balaadhan ee biyah ku dhex nool.

giraffe (ja raaf) Geri. Xaywaanka aad u qoorta dheer ee lugaha dhaadheer. Qoortiisu marka uu taagan yahay waxaa laga dul arka karaa geed meel dhexaad ah korkiis.

giraffe

glass (glaas) Dhalo, qarsho, quraarad, glaaska. Sheyga wax lagu subto sida biyaha ama caanaha ee laga dhex arko waxa ku jira.

glove (glaav) Gacmo-gelis. Dhulka qaboobaha waxa gacmaha la gashado ee dhaxanta layskaga ilaaliyo.

glue (gluu) Xabag. Dareeraha marka la rabo in laba wax laysku dhejo sida laba warqadood la dhex mariyo. Wixii la marsho dareeraha marka ay isku qalalaan lama kala fujin karin.

go (goow) Tag. Bax. Soco. Amar bixin qof la rabo in uu isla markaaba dhaqaaqo oo tago ama tegid meel la tago.

goal (goowl) Gool. kala badinta la kala badsho kubada cagta waxaa lagu kala helaa goolal.

goat (goowt) Ri. Adhiga ka dhedig ee wax dhala.

God (god) Ilaahay. Rabi. Ilaaha weeyn ee la caabudo.

goose (guus) Boolo-boolo **geese** eg.

grain (greyn) Xabuub. Midho quruurux.
1 Waa wax allaale wixi midho ah ee ama sidooda loo karsho ama la ridqo inta aan karis iyo cunis loo diyaarin.
2 Waxa kala oo la micne yahay quruuruxa ciida.

grandfather (gran faa*tha*) Awoowe. Waa aabaha hooyadaa ama aabahaa.

grandmother (gran m*aatha*) Ayeeyo. Waa hooyada aabaha ama hooyadaa.

grape (grey*p*) Canab. Waa midho cagaar, madaw ama casaan ah oo la cuno. Iniino aad u yaryar ayuu dhexda ku leeyahay.

grapes

grass (graas) Doog. Cagaar. Waa cawska dhulka qareya ee aan dheeran karin.

green (griin) Midab ka mid ah midabyad oo dooga u e'eg.

grocer (groow s*a*) Macdaar leh. Qofka haysta meel u gaar ah gadida waxyaalah ay ka mid yahiin shaaha (caleenta) iyo sonkorta. Booshari.

ground (grawnd) Dhulka. Bannaan. Waa dhulka aan laga shaqayn ee sidii uu ahaa waxba laga bedelin amaba dhulka aan ku socono, guri dhexdii iyo dibadba.

grow (groow) Koritaan. Weeynaan. Waxa markiisii hore yaraa ee tartiib tartiib u weynaada sida dadka, dugaag, dhir ama dhismoba.

guess (ges) Malee. Wax laga jawaabo iyada oo aan la hubin. Waa malaynta wax la maleeyo.

guitar (gi taa*r*) Gitaar. Kaman. Qalabka muusikada mid ka mid ah oo ah kan xadhkaha leh.

gun

gun (g*aa*n) Bunduq. Qori. Waa hubka rasaasta laga rido ee gacanta lagu qaato ee aan aad u cuslayn.

Hh

hair (heer) Timo. Waxa madax dadka ka baxa.

hammer (ham a) Dube. Burus. Garaacid.
1 Qalabka nijaarku ku shaqaysto ka dhinacana buuran ee wax lagu garaaco dhinac kalana leh meel kala dilaacsan oo masaamiirta lagu soo dhufto.
2 Dubeeynta wax lagu dubeeyo wax kale ama lagu garaaco.

hammer

hand (hand) Gacan. Qof walba labada laxaad ee uu wax ku cunno, dhaqo, qabto ama maydho midkood.

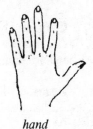

hand

handbag (hand bag) Boorso. Qandi. Shandad gacmeed. Waa wax lagu rito sida garfeedha (shanlada) ee gacanta ama garabka la sudho.

handkerchief (hanka chiif) Masar Af. Marada yar ee sanka ama afka layskaga tirtiro.

handle (han dal) Dheg weel. Waa meesha marka weel la qaadayo la qabto ee ah meel loogu tallo galay qabatin.

hang (hang) Laalaad. Sudh. Daldalida ama sudhida wax meel la sudho.

happen (ha pan) Ay dhacdo. Waa arrini marka ay dhacdo ama wax dhacayba.

happy (ha pii) Farxad. Mabsuud. Waa lidka murugada. Waa marka qofka wax niyadiisu jeclaatay maqlo ama arko.

hard (haard) Adag. Xoog leh. Dhib badan. Daran. Wax aan jilicsanayn ee maskax u baahan ama wax samays adag.

hat (hat) Koofiyad. Sheyga madaxa la gashado ee qoraxda iyo dhaxanta kaa celiya.

abcdefg**h**ijklmnopqrstuvwxyz

hay (hey) Caws qalalan. Cawska xoolaha loo dhigo waqtiga abaarta ee qalalan.

head (hed) Madaxa. Waa qaybta jidhka inta garabaha dhexdooda ku taalee indhaha, sanka, afka iyo dhegahu ku yaalaan.

head

hear (hiya) Maqlid. Waa marka dhegaha lagu maqlo cod micno bixinaya sida hadal ama sanqadha, Waa maqlida wax la maqlo.

heart (haart) Wadne. Badhtame.
1 Qaybta jidhka ee dhiiga safaysa ee jidhka u qaybisa.
2 Barta (halka) laba wax kala badha.

heat (hiit) Kul. Cadho. Xanaaq.
1 Heerka wax qabaw kululaada ee hadii la taabto lagu gubto.
2 Qofku markuu wax uu jeelaysan waayay ka kululaada ama ka gubto.

heavy (he vii) Culus. Wax miisaan weyn oo aan si hawl yar loo qaadi, riixi ama qaban karin.

hedge (hej) Dhir isku cufan. Aay jiq ah. Waa dhir gaagaaban oo isku wada dhaw oo meel ka banaanayn. Badi guryaha ayaa *hejka* lagu wareejaa sidii deyr ama qurux ahaanba.

heel (hiil) Cidhib. Cagta hoose meesha kuusan ee dib u taagan ee adag farahana ka danbeeysa.

height (hayt) Dherer. Joog dheer.
1 Meel dheer oo aan tiigsi lagu gaadhin.
2 Qof joog dheer oo aan gaabnayn.

helicopter (heli kop ta) Helikobtar. Dayuuradda qumaatiga u kacda qumaatigana u fadhiista ee aan ordin marka ay kacyso ama fadhiisanyso sida dayuuradaha kale. Waxa ay korka ku leedahay marawaxad wareegta.

help (help) Gargaar. Kaalmo. Caawimo. Waa marka gacan laysku siiyo hawl socota.

hen (hen) Digaagad. Dooro. Digaaga ta dhedig ee beedka (ukunta) dhasha.

abcdefg**h**ijklmnopqrstuvwxyz

hide (hayd) Dhuumasho. Harag.
1 Marka wax layska qariyo aan la doonayn in la hello.
2 Neefka marka la qallo waxa adag ee inta aan hilibaha la gaadhin laga saaro. Waa dubka sare ee kabaha, baagaga (iyo wax la mid ah) laga sameeyo.

high (hay) Koreeya. Sareeya. Muhiim ah. Sharaf leh.
1 Wax meel kor ah ku yaal oo si hawl yar loo gaadhi karin.
2 Qof darajo sare leh.
3 Arrin muhiim ah.
4 Wax sharaf leh oo la qadariyo.

hill

hill (hil) Taag. Buur yar. Kubo. Waa buurta buur ugu yar ee aan dhulkana la sinayn buur dheerna ahayn.

hip (hip) Misig. Lugta meesha ay badhida iska soo galaan koreeda balaadhan ee loo yaqaan baastooladaha ee qaabka bastoolada leh.

hippopotamus (hipapotamas) Jeer. Bahal weyn oo webiyadda ku nool oo aad khatar u ah.

hit (hit) dil. Garaac. Tun. Waa marka wax gacanta inta loo qaado wax loo geesto ama la xanuujo.

hold (hoowld) Qabo. Hayn. Hakin. Joojin.
1 Qabatin wax gacanta lagu qabto.
2 Haynta wax meel lagu haysto ama gashado.
3 Hakinta wax la yara hakiyo ee muddo yar ka dib la sii daayo.

hole (hoowl) Dalool. God.
1 Meel banaan oo wax ka bixi karaan waxna geli karaan.
2 Meel la qoday oo gun soo celisa leh.

holiday (holi dey) Fasax. Marka la qaato waqti aan hawl la gudanayn ee la nasanayo.

home (hoowm) Hooy. Guri.
1 Meesha qof ama qoys ku noolyahay.
2 Meeshii dhalashadaadu tahay.

honey (haanii) Malab. Shinidu dareeraha aad u macaan ee ay sameeyso.

hoof (huuf) Cidi Fardood ama xayawaan. Cidiyaha xaywaanka sida geela, adhiga iyo dameeraha ku yaal.

hoof

33

abcdefg**h**ijklmnopqrstuvwxyz

hook

hook (huk) Hangool. Irbadda sheleshka lagu tollo ee afka qaloocada ama ul af qaloocda sida hangoolka.

hoop (huup) Giraangir. Waa qori ama bir loo sameeyo qaab wareegsan.

horn (hoom) Gees. Labada gees ee madaxa xayawaanka qaarkoodka taagtaagan sida lo'da, riyaha iyo deerada.

horse (hoors) Faras. Xayawaanka la fuulo ee dheereeya waxna jiida sida gaadhiga intiisa danbe ee loo yaqaan gaadhi-faras.

horse

hospital (hospi tal) Cusbataal. Dhismo dadka buka (jiran) la geeyo oo la dhigo si loo daaweeyo.

hot (hot) Kulul. Waa marka wax qabaw heer diirimaad dhaafo ee kulayl aan karkar ahayn gaadho.

hour (awa) Hal saacad ah. Saacadu waa waqti dhan lixdan (60) daqiiqadood.

house

house (haws) Guri. Aqal. Hooyga loo dhisto in lagu noolaado.

hurt (hert) Damqasho. Wax yeello.
1 Meel ku xanuunaysay oo la damqay,
2 Hadii wax aanad filanayn kugu dhaco waxa aad dareentaa xanuun niyada ah.

hut (haat) Cariish. Guri looxaan ama caws ka dhisan.

abcdefghijklmnopqrstuvwxyz

Ii

ice (ays) Baraf. Biyahu marka uu qabaw dhaaf awgii fadhiisto ee sida dhalada dhexdiisa wax laga dhex arko. Waxa ka mid ah baraftka kuuskuusan ee waqtiga kulaylaha biyaha lagu rito.

ice-cream (ays-kriim) Aayskriim. Jalaato. Wax macaan oo la fadhiisiyey looguna tala galay in dadka uu qaboojiyo. Waa caano iyo sonkor laysku qoosho oo baraf laga dhigo si loo leef leefo. Waa wax qabaw oo macaan.

ice-cream

icicle (aysi kal) Baraf Faraqyo leh. Barafku marka uu muddo da'ayay ee joogsada roobna ka dabo da'o waxa uu yeeshaafaraqyo sidii maro la jeexjeexay u e'g. Badi barafka saqafka ama dhirta ku d'a ayaa qaabka yeesha.

imaginary (imaj inari) La maleeyo. Is moodsiin. Waa marka lays moodsiiyo ama layska dhigo wax aan la ahayn oo badi been been ah. Waa ka fekarida sida adoo boqorad ama boqor ah.

ink (ink) Khad. Waa dareere madow loogu tala galay in wax lagu qoro. Qalinkaa la dardarsada amaba qalinka dhexdiisuu ku jira. Waa ka qalin khadka ku dhex jira. Soomaaliya carruurta dugsiga qur'aanka dhigtaa khadka waxay ka samaystaan dhuxul, xabag iyo biyo laysku qooshay.

insect (insekt) Cayayaan. Waa noole yar oo lix adin leh. Qudhaanjada iyo baranbarada ayaa ka mid ah cayaanka yar.

instrument (instramant). Waa dhamaan qalabka muusiga la tummo sida durbaanka, dafka, kamanka iyo biyaanaha.

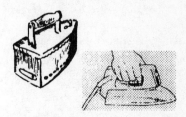

iron

iron (ayan) Xadiid. Kaawiyad. Feero (la kaawiyadeeyo ama la feereeyo).

35

abcdefgh**ij**klmnopqrstuvwxyz

1 Birta adag ee wax laga sameeyo.
2 Marka dharka la kaaweyadaynayo, sheyga wax lagu kaawiyadeeyo ama feereeyo naftirkeeda ee jactadka ka bi'sa.

ivy (ayvii) Dhilawyahan. Geed cagaaran oo leh laamo wax isku mara oo aan keli bixi karin.

Jj

jacket (jakit) Koodh. Jaako. Koodh yar oo gaaban.

jam (jam) Jaam. Malmalaato. Waxa macaan ee roodhida la marsado.

jeans (jiinz) Surwaal jiinis ah. Surwaalmarro adag oo buluug ah laga sameeyo.

jet (jet) Jedka. Nooc dayuuradaha ka mid ah oo aad u dheeraysa.

job (job) Shaqo. Hawl. Hawsha la guto hadii mushahar laga rabo iyo hadii ay mid waajib kugu ah tahayba.

join (joyn) Isku xidhid. Midow ama isu imaad laba wax. Laba wax marka laysku xidho ee mid layskaga dhigo.

joint (joynt) Isgal. Laabato. Guntin.
1 Meesha laba wax iska qabsadaan ama iska galaan ee mid ka noqdaan.
2 Lafaha jidhka qaarkood waxa ay leeyahiin meel ay iska galaan oo u ogolaata lafaha in lasoo laabo.
3 Meesha la isgu keeno laba wax.

joke (joowk) Kaftan. Ciyaar. Wax marka la sameeyo ama la yidhaaho qosol looga jeedo, oo aan wax weyn loo qaadan ama laga cadhoon.

journal (jer nal) Jariidad. Warside la akhristo oo war iyo arrimo kala duduwan lagu qoro.

journey (jer nii) Safar. Marka meel inta laga tago meel kale loo dhoofo.

joy (joy) Farxad. Wax niyada kuu wanaajiya ama lagu farxo.

judge (jaaj) Garsoore. Kala xukumid.
1 Qofka maxkamada wax kala xukuma.
2 Xukunka wax lakala xukumo.

jug

36

abcdefghi**jk**lmnopqrstuvwxyz

jug (jaag) Joog. Waa shey wax lagu shubto oo dheg la qabto leh.

juice (juus) Dareer macaan, qadhaadh ama dhanaan. Waxa liinta bambeelmada iwm laga miiro.

jump (jaamp) Boodid. Marka lugaha dhulka mar qudha laga qaado ee kor loo boodo.

jungle (jaan gal) Aay jiq ah. Dhul balaadhan oo dhir qarisay.

jury (juurii) Garsoorayaal. Maxkamadaha dadka loo xil saaray xukimidda danbiilayaasho.

just (jaast) Xaq. Hada. Iminka. Kastoo. Xoogaa
1 Wax si aan eex iyo leex-leex lahayn ee xaqa u dhacay.
2 Iminka ama hadda.
3 Wax in kugu filan ah oo aan waxba ku dheerayn.

Kk

kettle (ketal) Kildhi. Sheyga lagu karsado shaaha.

kettle

key (kii) Muftaax. Fure. Birta afka girgirka ah leh ee albaabada lagu furo.

key

kick (kik) Laadka. Ku dhufashada qof ama kubada lugta lagu dhufto ee ama meel fog lagu geeyo ama wax xanuujisa.

kind (kaynd) Naxariis leh. Raxmad leh, Nooc.
1 Qof qalbi wanaagsan oo raxmad leh.
2 Wax aan la jaad ahayn wax kale.

king

king (king) Boqor. Waa nin dhaxal u helay in uu dalkiisa xukmo oo loo caleemo saaray.

kiss (kis) Dhunkasho. Shumis. Waa marka dibnaha la saaro qof aad jeceshahay si aad u muujiso kalgacaylka.

37

abcdefghij**kl**mnopqrstuvwxyz

kitchen (ki *chin*) Jiko. Madbakh. Kushiin. Qolka ama meesha guriga loogu talo galay in wax lagu karsado.

kite (kayt) Abiteey. Kaaydka. Wax laga sameeyo maro ama waraaq oo carruurtu cirka laliso marka dabayli jirto.

kitten (ki *tan*) Bisad yar. Mukulaasha dhasha ah. Waa bisadu inta ay weli yar tahay ee ay weynaanin.

knee (nii) Jilib. Ruug

kneel (niil) Jilbo joogsi. Waa dhigashada labada ruug dhulka la dhigto.

knife (nayf) Mindi. Birta afka badan ee wax lagu gooygooyo sida hilibka, khudrada iwm.

knit (nit) Tolid funaanadeed. Waa toliinka funaanadaha ee laba irbadood iyo dun funaanadeed la adeegsado.

knob (nob) Handaraab. Albaabka meesha buuran ee gacanta lagu wareejo marka la furayo ama xidhayo.

knock (nok) Garaacid. Jugayn. 1 Garaacida albaab la garaaco.

2 Marka laba gof ama wax isku dhacaan ama gaadhi wax jiidho. 3 Gaadhi markuu wax jugeeyo

knot (not) Guntin. Waa meesha buuran ee laba xadhig ama maro layskaga xidho.

know (noow) Garasho. Aqoon. Fahmid. Waa marka **wax** maskaxdaadu garato ee aad fahamtay.

koran

Koran (kor *aan*) Quraanka. Kitaabka diinta Islaamka loo soo dejiyay.

Ll

lace (leys) Aarad. Goodi shelesh. Waa aarada shalmadaha iyo wax la mida goodiga laga marsho ee quruxda u yeela.

ladder (la *da*) Salaan. Jaranjar. Laba loox ama birood oo dhaadheer is le'eg oo dhexda rakooyin la koro ku leh marka la rabo meel sare in la gaadho.

lady (ley dii) Marwo. Haweenay la xishmado oo sharaf leh.

lake (leyk) Laag. War. Harro. Waa meel biyo fadhi weyn leh.

lamb (lam) Nayl. Laxda ilmaheeda yar.

lamp (lamp) Faynuus. Wax la shito marka aqalku madowyahay iyo habeenkii oo dhexdana dubaalad ku leh dhalona lagu daboolo. Gaastana ku shaqaysa.

lamp

land (land) Dhui. Wadan.
1 Dhul wax ka dhisan yihiin ama banaan.
2 Dalka lagu nool yahay.

lane (leyn) Luuq. Waddo. Dhabo. Waa dariiq aan balaadhnay oo cagtu sameeysay.

language (lan gwij) Af. Hadalka dadku ku hadlo ee laysku af garto. Bina admiga wax ay isku afgartaan.

large (laarj) Weeyn. Balaadhan. Wax aan dhuubneyn ee qaro iyo laxaadh leh.

late (leyt) Daahid. Habsaan. Waa marka waqti go'an dib looga dhaco.

lap (lap) Dhabta. Leefleef.
1 Caruuta yar yar marka la fadhiyo halka lagu qabto.
2 Bisadu habka ay caanaha ku dhanto ee carabka adeegsato ama nacnaca iyo jalaatada lagu cuna.

laugh (laaf) Qosol. waa marka cod farxad leh la sameeyo ee qofku xasuusto, maqalo amaba rabo in wax uu jeclaystay uu muujiyo isago oo aan hadlinee qoslo.

lavatory (lava trii) Musqul. Kortaga meesha marka kaadi iyo wax la mid ah ku qabto lakor tago.

lawn (loon) Doog. Cagaar. Doog inta la gooyo laysku simo oo la qurxiyo.

law (loo) Sharci. Xeer. Sharci loo dejay dad ama dal cayinan in lagu xukumo.

abcdefghijk**l**mnopqrstuvwxyz

lead (1 liid, 2 led) Hogaamin. Bir lab.
1 Horkaca qof ama dad la hor kaco.
2 Bir labta adag ee qasabada iyo wax la mid ah laga sameeyo.

leaf (liif) Caleen. Geedka waxa laanta ka laalaada ee cagaarta ah ee qaabka waranka leh.

leaf

lean (liin) Tiirsi. Caato. Xayeesi.
1 Wax meel lagu tiiriyo si uu isu taago oo aan keli is taagi karin.
2 Wax aan hilib badan laheyn oo caato ah.

leap (liip) Kor u bood. Is shareer. Boodada dheer ee cirka laysku shareero ama ganno.

learn (lern) Wax Barasho. Wax garasho.
1 Waa dhigashada wax la digto ee dugsiga loo tago.
2 Fahamka wax la maqlay ama la arkay laga fahmo.

leather (le tha) Maas. Saanta la megdiyay (jilciyay) ayaa loo yaqaan maas.

leave (liiv) Tegid. Waa marka meel loo kaco.

left (left) Bidix. Lidka midigta.

leg (leg) Lug. Labada laxaad ee lagu socdo midkood. Waxa ay ka bilaabantaa misigta waxayna ku e'gtahay kubka.

lemon (lemɑn) Liin dhanaan. Khudrad dheecaan dhanaan leh oo wax lagu cuno ama darsado. Waa la tuujiyaa.

lemon

lemonade (lemɑ neyd) Lamolaydh. Liin miiran oo macaan. Waa sonkor, liin dhanaan dhecaankeed iyo biyo laysku qooshay oo cabitaan ah.

length (lenth) Dherer. Waa qiyaasta wax lagu qiyaasi karo wax aan gaabnayn ee dheer. waa qiyaas dherer oo aan balac ku jirin.

40

abcdefghijk**l**mnopqrstuvwxyz

leopard (le *pad*) Harimacad. Bahal dugaaga kale cuna oo buni ah baro madmadoowna leh.

letter (let*a*) Warqad. Xaraf.
1 Warqada laysu qoro marka la kala maqanyahay ama loo diro meel wax kaaga xidhmeen.
2 Xarfaha alfabeetadu ka koobanto mid ah.

lettuce (letis) Caleen cagaaran. Nooc saladhka (ansalaatada) ka mid ah.

library (lay br*a*rii) Maktabad. Sar ama qol lagu kaydiyo buugaagta oo lagu dhex akhristo ama laga deeynsado.

lick (lik) Leef. Carabka marka wax lagu soo masaxo.

lid (lid) Dabool. Digsiyada ama sanaadiiqda waxa lagu daboolo.

lift (lift) Hinjin. Wiish. Qaadid.
1 Kor u qaadid wax mar qudha kor loo qaado.
2 Makiinad loogu talo galay in sar dheer oo ay kor iyo hoos wax u kala qaad qaado.

lighthouse (layt haaws) Minaarad. Noobiyad. Sarta dheer ee bada ku dhex taal ee u soo hagto maraakiibta dekeda.

lighthouse

line (layn) Liid. Saf. Xadhiga dharka.
1 Xariiq dheer oo qalin lagu muujo.
2 Wax is daba ama dhinac taagan.
3 Xadhiga dharka lagu wadho.

lion (lay *a*n) Libaax. Boqorka xayawaanka. waxa uu leeyahay af weeyn, cidiyo dhaadheer iyo baabul tunkiisa ku wareegsan.

lion

lips (li*p*s) Dibno. Waa daboolayaasha afka.

liquid (lik wid) Dareere. Waa wixii sida biyaha u socda.

abcdefghijk**l**mnopqrstuvwxyz

listen (lisan) Dhegayso. Maqlid wax la maqlo oo dhegta loo dhigo.

little (lital) Yar. Waa wixii aan weynayn ee gibin ah, ama yar.

list (list) Liis. Waa qorida wax sida ay isugu xig-xigaan loo qoro.

lit (lit) Shidan. Wax iftiin ka baxayo.

literature (lit richa) Suugaan. Hadal waqti hore la yidhi oo mahadhe murti iyo micno la xasoosto ama lagu hal qabsado leh.

litter (lita) Qashin. Waraaqo, dhalooyin iyo wax la mid ah oo daadsan.

live (layv) Ku nool ama Degan. Waxa eraygani bixiyaa micnaha guri ama dal lagu nool yahay iyo quudka la cuno ee lagu nool yahay. Waa ku noolaanshaha meel iyo ku noolaansha cunto labadaba.

liver (liva) Beerka. Qayb jidhka ka mid ah oo xameetidu ku dhegan tahay oo dhiiga jidhka safeysa.

lizard (lizad) Qoroto. Cayayaan yar yar ee guryaha saqafkooda gala ee dukhsiga iyo cayayaanka ka sii yar ku nool.

lizard

load (loowd) Xamuul. Wax alaale wixii la xamaalo ee ama dad ama gaadiid qaado.

lock (lok) Quful. Sakatuuro. Waa qalab waxa la xafidayo lagu xidho.

log (log) Kurtin. Waa geed la gooyey inta ka soo hadha oo badi wax yar oo gaaban ah.

long (long) Dheer. Fog.
1 Wax dheer oo aan gaabnayn.
2 Meel aan dhawayn.

look (luk) Eegid. Dhugasho. Jeedaali. Indhu wax u muuqda marka ay eegaan ama qofku indhaha wax la raaco ee uu rabo in uu arko.

lorry

42

lorry (lorii) Gaadhi xamuul. Baabuur. Gaadiidka weyn ee loogu talo galay qaadida xamuul fara badan iyo dadba.

lose (luuz) Lumid. Debecsan. Siideyn.
1 Wax la waayay oo aan markaa la hayn.
2 Wax aan adkayn oo debecsan ama jilicsan.
3 Wax faraha laga qaado oo siidaayo.

loud (lawd) Cod dheer. Cod kor u dhaafsiisan heerkii caadiga ahaa.

lot (lot) Badan. Wax ama dareen fara badan. Haynta wax fara badan la haysto ama ku hayo. Waxa ku hayn kara gaajo, dhereg ama haraad fara badan amaba waxaad haysankartaa lacag, dhar, iyo carruur fara badan.

love (laav) Jacayl. Kalgacayl. Caashaq. Jacayl fara badan oo wax ama qof loo hayo.

low (loow) Hooseeya. Wax aan kor ku ool ama sareeyn ee hooseeya.

lunch (laansh) Qado. Cuntada duhurkii (12 maalinnimo) la cunno.

lung (laang) Sanbab. Qayb jidhka ka mid ah oo neefsashada dadka iyo xayawaankaba ugu wacan. Qof walba waxa ku yaal laba sanbab oo uu u adeegsado neefneefaashada.

Mm

machine (ma shiin) Makiinad. Wax qalab ka koobma dhawr shay marka ay shaqynayaan wax qabta. Dawaarku (Harqaanku) waa nooc makiinada la adeegsado ka mid ah oo dharka lagu tosho. Sidoo kale waxa jiro makiinado u xil saaran qabashada waxyaalo fara badan oo kala duduwan.

made (meyd) Samayn. Wax la sameyey waqti hore oo ina soo dhaafay.

magic (majik) Sixir. Waa marka qof wax laga yaabo oo indho sarcaada la tuso. Sida qof sameyey wax yaalo aan la filanayn, sida xabad beeda oo digaagad mar kalaiya noqota iwm.

magazine (maga ziin) Jariidad. Wargeeys. Waraaqo la daabacoo, warar iyo arrimo kala duwan lagu qoro oo muddo go'an soo baxa.

magnet (mag nɑt) Bir lab. Bir marka bir kale kusoo dhowaato soo jiidata oo qabsata.

maid (meyd) Adeege'. Boyeesa. Qof guryaha ka shaqaysa nadaafdooda iyo wax kariskabe oo lagu lacag siiyo.

mail (meyl) Waraaqo qoraal. Waraaqaha iyo bushqadaha boosta laga diro marka la isla xidhiidhayo.

main (meyn) Muhim. Wax aad wax kale uga muhiimsan ama qaayo weyn.

man (man) Nin. Marka wiilka yari weeynado ee nin weyn noqdo. Waa marka wiilku qaan gaadho ee nin noqodo.

make (meyk) Samayn. Qabasho. La soo saaro.
1 Wax samaynta wax la sameeyo.
2 Hawl qabashada hawl la qabto.

manners (man ɑz) Dabeecad. Ikhlaaq. Asluubta/dabeecadda xun ama san.

many (menii) Wax fara badan oo midh iyo laba toona ahayn.

map (map) Khariidad. Sawirka ku tusa meesha wadan ama wadano kaga yaalaan aduunka.

mark (maark) Astaan. Sumad. Calaamad. Amaarad wax kala soocda.

marble (maarbl) Footari. Dagax yar oo sida kuusha u samaysan oo carruurtu god u qodo oo ku kala badiso ridistiisa.

march (maarch) 1 Gaardis. 2 Maarso.
1 Marka habka ciidanka loo socdo. Milatariga iyo askarta ayaa habkan loo socodsiiyaa.
2 Waa magaca bisha saddexaad ee sanadka.

market (maar kit) Suuq, bacadleh. Meesha wixii la gadayo la soo dhigo ee aan ahayn dukaan rasmi ah.

mask

mask (maask) Gedef. Wejiga wax la gashado oo baqogelin, ka qoslin ama is qarin ah.

marry (marii) La guursado. Nin iyo naag waxa isku xidha heshiis sharciyaysan oo nololeed.

abcdefghijkl**m**nopqrstuvwxyz

marvellous (maar *valas*) Yaab leh. Caaqiibo Ieh. Wax wanaag dhaafay.

mat (mat) Sali. Dermo. Sheyga cawda laga falkiyo (sameeyo) ee dhulka la dhigto ee lagu seexdo, fadhiisto ama tukado.

match

match (ma*ch*) I Kabriid. Taraq 2 Ciyaar. Isu ekaan.
I Qoriga yar ee afka hore baaruuda shidanta ku Ieh.
2 Laba kooxood oo ciyaaraya.
3 Laba wax oo isu e'eg.

material (ma tii riy*a*l) Shey. Wax. Maro.
I Qalabka wax lagu adeegsado.
2 Cudbiga ama dhogorta dharka kaga sameeysan.

mattress (mat r*a*s) Furaash. Joodari. Sheyga sariirta layska xejo ee cudbiga ka samaysan.

mattress

mean (miin) I Ula kac. 2 Isku micne. 3 Dhabcaal. Quduuc.
I Ula kaca iyo ula kac li'ida wax loo sameeyo.
2 Laba wax oo isku u jeedo ah.
3 Qof aan deeqsi ahayn.

measles (mii z*a*lz) Jadeeco. Cudurka badi carruurta ku dhaca ee finanka yaryar ee cascasi korka ka soo baxaan.

measure (me sh*a*) Cabir. La qiyaaso. Wax marka la rabo inta uu le'eg yahay in la qiyaaso. Waa qiyaasida wax la qiyaaso.

meat (miit) Hilib. Cad. Waa hilibka xoolaha ee la cuno.

medicine (medi s*a*n) Daawo. Waxa la cunno, cabo ama la liqo marka la buko ee lagu bogsado.

meet (miit) Kulanti. Marka laba wax ama qof kulmaan.

melt (melt) Uu dhalaalo. Ay milanto. Uu jilco. Wax marka uu heer adag dhaafo ee biyoobo amaba dareere noqdo.

men (men) Raga. Nimanka. Wixii nin kali ah ka badan.

mend (mend) Tolid. Hagaajin. Samay. Waxaa lagu adeegsadaa erayga tolida dharka, wax kaa xumaaday oo aad hagaajiso.

mess (mes) Qass. Is dhex daadsan. Arrin qasan ama wax is dhex daadsan.

message (me sij) Fariin. Fariin lays faro si qof ama dad kale loo gadhsiiyo.

mice (mays) Jiirar. Dooli. Wixii hal jiir/dooli ah ka badan.

midday (mid-dey) Duhur. Waa laba iyo tobanka (12) maalinnimo.

middle (midal) Badhtame. Dhexda. wax ama meel halka kala badha.

milk (milk) Caano. Dareeraha laga liso xoolaha ee cad ee lacabo iyo kan hooyada carruurtu ka jaqdoba.

milkman (milk man) Caanoole. Caano diiq. Ninka caanah guryaha geeya ee ka gada.

mince (mins) La ridqo. La Shiido. Hilibka marka makiinada la marsho ee aad loo yaryareeyo.

mind (maynd) Maskax. La daneeyo. Wax loo qabto. La tix gesho. Maskax gelinta wax maskaxda la gashado.

mine (mayn) Waxayga. Ceel Macdaneed.
1 Marka wax aad adugu leedahay aad sheegayso.
2 Marka erayga hor lagaga daro erayga 'dahab' wax uu la micno yahay goob dahab. Badi kali isuma taago ee eray kale ayaa hor ama gadaal laga raacshaa si uu micne u yeesho hadii aanu marka lahaanshe sheegayn sida lambar (1).

minute (min it) Miridh. Hal miridh waa 60 ilbidhiqsi. 60 miridh waa hal saacad ah.

mirror

mirror (mira) Muraayad. Dhalada layska dhex arko ee laysku daawado.

miss (mis) La seegid. La heli waa. Lays waayo. Laysu hiloobo. Gashaanti/Gabadh.

abcdefghijkl**m**nopqrstuvwxyz

1 Wax aad meel ku beegaysay oo aad la weeyday.
2 Laba qof oo isa sugaysa oo is dhaafay.
3 Laba qof oo mudo kala maqan oo isu xisooday.
4 Gabadha inta aan weli la guursan.

mistake (mis teyk) Gef. Khalad. La khaladamo. Si xun loo qaato.
1 Gef ama khalad la sameeyay.
2 Marka wax khalad laga fahamo.

mistress (mis tras) Macalimada dugsiga.

mix (miks) Qas. Qoosh. Walaaq. Waa marka wax lays dhex mariyo si ay isu dhex galaan.

model (modal) Naqshada. Is qurxis.
1 Waa muujin wax aad rabto in uu waafaqo sidii laga rabbay.
2 Dhar casriya oo la xayaysiinayo si loo gato. Dadka dharka xidha ee xayaysiiya ayaa la yidhaahaa waa (modal).

modern (modan) Casri. Wax cusub oo waqtiga la socda.

money (maanii) Lacag. Waxa qiimaha leh ee wax lagu kala gato. Waxa ay u kala qaybsantaa lacag waraaq ah iyo mid qadaadiic ah oo naxaas ka sameeysan.

monkey (maan kii) Daayeer. Xayawaan dhirta degdeg u kora oo is xoqxoqa. Waa xaywaanka aan daawashadiisa laga dhergin.

month (maanth) Bil. Afar asbuuc oo isku soo wareegay. Sanadku waxa uu ka koobanyahay laba iyo toban (12) bilood.

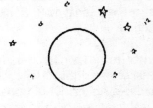

moon

moon (muun) Dayax. Waxa cirka iftiinsha habeenkii ee ka weyn xidigaha.

more (moor) Ka badan. Fara badan. Waxa ka tiro ama fara batay wax kale oo laysla qiyaasay.

morning (moor ning) Subax. Aroor. Marka waagu baryo ilaa dhuhurka inta u dhaxaysa.

mosque (mosk) Masaajid.

47

abcdefghijkl**m**nopqrstuvwxyz

mosque

mother (m*aa tha*) Hooyo. Haweenay carruur leh. Waa waxa ay haweenaydu u tahay ilmaheeda.

mountain (mawn t*an*) Buur. Dhul sareeya oo dhulka kale aad iyo aad uga dheer. Dhul taagan oo meel fog laga soo arki karo.

mouse (maws) Jiir. Dooli. [**mice** eg] Xayawaan u e'eg oo kasii weyn.

mouth (maw*th*) Af. Meesha jidhka ka mid ah ee wax lagu cuno.

move (muuv) La dhaqaajiyo. Wax meel laga qaado oo meel kale lageeyo.

much (m*aach*) Badan. Wixii fara badan. Hal ka badan.

mug (m*aag*) Koob dheg leh. Ruug-buur.

mule (myuul) Baqal. Xaywaanka dameerka iyo farasku iska dhalaan. Waxa uu e'g yahay faraska.

multiply (m*aa*lti play) Isku dhufasho. Waa marka laba tiro laysku dhufto sida 2x2.

mumps (m*aa*mps) Qanjo barar. Cudurka badi carruurta ku dhaca ee qanjaha bararsha.

murder (meer d*a*) Dilid. Naf ka gooyn. Qof marka gudha ama nafta laga gooyo.

mushroom (m*aa*sh rum) Dooro waraabe. Barkin waraabe. Geed gaaban oo qaab dalaayadeed leh.

muscle (m*aa* s*a*l) Muruq. Waa xubin jidhka dhaqdhaqaaq, debecsan ama gigtiran siisa.

music (myuu zik) Muusiko. Codka ka baxa durbaanka, dafka ama kabanka marka la tumo.

mutton (m*aa* tan) Hilib Idaad. Hilibka idaha ayaa 'matan' la yidhaahaa.

48

Nn

nail (neyl) Cidi. Musmaar.
1 Daboolka adag ee farah afkooda hore ku jira.
2 Bir yar, af fiiqan, oo gun buuran oo samaynta kuraasta iyo dhismaha guryahaba lagu adeegsado.

nail

name (neym) Magac. Sumaad.
1 Wax loo bixiyay qof ama shay si looga garto wax kale.
2 Sida qof sumcad xun ama fiican.

narrow (na roow) Cidhiidhi. Meel aan balaadhnayn ee diiq ah.

nasty (naa stii) Wax aad u xun. Wixii aad u xun oo dhan sida dha-dhanka, arag, urta iwm.

nature (ney *cha*) Dabiici. Koritaan. Aduun.
1 Degaanka dabiiciga ah.
2 Koritaanka lagu koro meel sida uurka hooyo.
3 Aduunka inagu xerxeran ee dadka, dugaaga, dhirta iyo biyahu ka mid yahiin.

naughty (noo tii) Edeb daro carruureed. Qalqaali. Basar daro. Ilmo daran.

navy (ney vii) Maraakiib. Dhawr markab iyo wax ka badan marka wadayaashoodana (sawaaqiga) lagu daro ayaa eraygu isu taagaa.

near (niya) Dhaw. Wax aan fogeyn ee in yar kuu jira. Agtaad wax ah.

neat (niit) Nidaam. Isku duba ridan. gaari.
1 Wax aan is dhex daadsanayn oo isku duba ridan.
2 Qof nadaafad jecel oo korkiisa iyo camalkiisaba ka muuqato. Gaari Af Sooomaaliga waa eray haweenka uun marka laga hadlayo lagu adeegsado hase ahaatee waxay soo koobaysaa micnaha eraygu bixiyo ee ah nadaafad, habsami iyo isku dubaridnaan.

neck (nek) Qoor. Luqun. Jidhka qofka meesha u dhexaysa madaxa iyo garbaha.

necklace (nek leys) Silsilska ama Silsiladda qoorta. Muriyad. Eraygu wax uu u taagan yahay wixii qoorta la sudho oo dhan ee ka samaysmi kara dahab, ama ka taxnaan kara kuul iyo wax la jira.

abcdefghijklm**n**opqrstuvwxyz

needle (nii d*a*l) Irbad Dhar, funaanadeed ama shelesh.
1 Irbada dharku waa bir yar, dhuuban oo dalool dunta la gesho leh.
2 Irbadaha funaanadahu waa laba irbadood oo ka samaysan caag ama bira dhaa-dheer, oo af gamuuran iyo dab buuran leh.
3 Irbada shelashku waxay leedahay af yar oo soo laaban (qalooca) si uu usoo qabto dunta.

needle

neighbour (ney b*a*) Jaarka. Qofka guriga kugu xiga ku jira.

nest (nest) Buul Shimbireed. Waa guriga shimbirtu ku nooshay.

net (net) Shebeg. Waa xadhko isa sudhsudhan oo bada kaluunka (malaayga) lagaga soo jilaabto.

new (nyuu) Cusub. Qashti. Wax hadda la sameeyay oo aan hore u jirin. Wax markaa farta laga qaaday oo aan duug ahayn.

news (nyuuz) War. Wax markaa dhacay oo lays gaadhsiinayo qoraal ahaan ama war af ahaan eedba.

newspaper (nyuus-*p*ey*pa*) War-side. Qoraalka warka dadka u tebiya ee jariidada la gado lagu daabaco.

next (nekst) Wax uu ka horeeyo wax kale ee ku xigeenka ah. Laba wax oo is ku xiga waa kan hore mooyee kan ku xiga.

nice (nays) Wanaagsan. Wacan. Waa waxii wacan ee aan xumayn ama fool xumayn.

night (nayt) Habeen. Waqtiga u dhexeeya qorax dhaca iyo qorax soo baxa. Marka dhulku madoobaado.

noise (noyz) Buuq ama Qaylo. Codad fara badan oo kor loo qaaday.

nose

50

nonsense (non sans) Bilaa micne. Wax aan micne lahayn.

nose (noows) Sanka. Jidhkaaga meesha aad wax ku uriso eed ka neefsato.

note (noowt) Warqad gaaban. Cod muusiko. Xasuus qor yar.
1 Waraaqaha laysu qoro tan ugu gaaban.
2 Muusikada sanqada ay samayso sida kamanka sanqadh ka baxda mid ka mid ah.

notebook (noowt buk) Buuga yar ee qoraal yar lagu qoro.

number (naamba) Tiro. La tiriyo.
1 Tirada kow, laba (1,2) ka bilaabanta.
2 Wax tirinta wax la tirsho iyada oo tirooyin lagu dhawaaqo.

nun (naan) Baadariyad. Naag diinta masiixiga (Kristaanka) u saahiday oo fidisa.

nurse (neers) Kalkaaliye. Kalkaaliyaasha cusbataalada dadka buka kalkaaliya iyo cidii jilicsanba. Waa kalkaaliyaha dhakhtara.

nut (naat) Laws. Naanaab. Lingax bireed.

1 Midho qolof adag oo dhexda waxa ku jira la cuno. Dhex sida dhuuxa u cad oo la calaashado weeye.
2 Qof lagu eedaynayo maskax xumo.
3 Bir yar oo dhexda ka daloosha oo loo adeegsado giijinta musbaarka.

nuts

nylon (nay lon) Nayloon. Maro jilicsan. Waa nooca dharka qaar iyo sharaabaadada haweenka laga sameeyo.

Oo

oak (oowk) Qudhac. Geed aad u weyn, hadh badan oo cimri dheer.

ocean (oow shan) Badweyn. Bada aad iyo aad u balaadhka iyo dhererka badan sida Badweynta Hindiya, Badweynta Atlaantiga, tan Baasifiga, Artiga iyo wax la mid ah.

abcdefghijklmn**o**pqrstuvwxyz

oil (oyl) Saliid. Saliideeyn.
1 Dareere laga sameeyo xoolaha xaydhooda ama baruurtooda, dirta ama laga qoda dhulka.
2 Waa dareere wax lagu karsado ama shito amaba makiinadaha lagu shubo si ay si wacan ugu shaqeeyaan.
3 Subkidda waxla subka oo dareeraha la marsho ama lagu shubo.

old (oowld) Da' weyn. Wax ama qof gaboobay. Wax cimri weyn oo sanado badan soo jiray.

onion

onion (aan yaan) Basal. Khudrad ur kulul oo ka oohisa qofka googoynaya.

open (oow pan) Fur furan. Qarsoodi la'aan. Daacad.
1 Waa eray la adeegsado marka laga hadlayo. Wax furan sida albaabka.
2 Wax cid walba u furan oo aan qarsoodi lahayn.
3 Qof dabci iyo niyad san oo aan khiyaamo ku jirin.

opposite (opa zit) Lid. Caksi ku ah. Iska soo horjeda.
1 Laba wax ama eray oo laba wax oo aan is lahayn la micne ah sida nin waa lidka naag ama dhulku waa lidka cirka iwm.
2 Laba qof oo kala ra'yi ah oo aan si wax u wada arkin.

orange (orinj) Midab casuus ah. Liimi. Liin macaan.
1 Midabka liin macaanta u e'g.
2 Liinta macaan ee la cuno.

order (oorda) 1 Xidhiid wacan.
2 Amar. 3 Codsi.
1 Waxba wax sida uu ugu xigo.
2 Wixii lays faray marka in la qaato ay tahay. Wax aan diidmo lahaan karin.
3 Dalabka la diro marka alaabo meel laga dalbado.

ostrich

ostrich (os trich) Gorayo. Shimbirta qoorta iyo lugaha dheer ee dheeraysa. Ninka waxaa la yidhaahaa qoray marka ay wax liqayaan gudub ama barbar ayay is qalocshaan.

other (*aatha*) Kale. Kan maahee mid kale.

ounce (awns) Wiqiyad. Qiyaasta miisaanka mid ka mid ah. Rodolku waxa uu ka koobmaa lix iyo toban (16) wiqiyadood.

ordinary (oordin *a*rii) Caadi. Wax qiyaas ahaan, qaabahaan iyo qiimo ahaan aan dhaafsiisnayn sidii laga filayay.

oven (*aava*n) Foorno. Moofo. Makiinada kariska ee wax lagu dubo.

owl (owl) Guumays. Shimbir indho waaweeyn, af fiiqan oo cideeda Soomaalidu sharsato.

Pp

package (*p*akij) Bushqad. Alaabada boosta laysu soo dhigo ee warqadda laysu qoro ka weeyn ee ka culus.

paddle (*p*ad*a*l) Batalaqsi. Seebka.
1 Biyaha caga cadi ogaan loogu joogjoogsado ee la duulduuliyo.
2 Looxa doonyaha dhinacyada lagaga wado marka ay bada dhex marayaan.

page (*p*eyj) Baal. Xaanshida buuga ee wax lagu qoro ama ku qoranyahiin.

pail (*p*eyl) Baaldi. Shey biyaha iyo wax la mid ah lagu shubto oo sidde la qabto leh. Meelaha qaarkood inta sidaha xadhig lagu xidho ayaa lagu dhaanshaa.

pain (*p*eyn) Xanuun. Dhib badan lala soo maray.
1 Dareenka xanuun la dareemo marka qof laga qabto meelaha ay ka mid yahiin madaxa, indhaha iyo wax la mid ah.
2 Wax lala soo maray dhib fara badan si ay u hirgasho. Carruurta korintooda dhib badan ayaa lala soo maraa ilaa laga gaadhayo isku filaanshahooda.

paint (*p*eynt) Rinji. Rinjiyayn.
1 Dareeraha midabyada kala duduwan leh ee derbiyada, daaqadaha iyo albaabada la marsho.
2 Marinta rinjiga ficil ahaan wax loo marsho.

pair (*peer*) Beer. laba wax oo is leh ama is raaca sida laba kabood, laba sharaabaad ama laba qof oo laysu dooray.

abcdefghijklmnopqrstuvwxyz

palace (*palas*) Guri Boqortooyo. Hooyga boqorka iyo boqoradiisu ku noolyahiin.

palm

palm (*paam*) Calaacal. Geedka timirta. Gacanta qaybta u dhexaysa faraha iyo curcurka.

pan (*pan*) Digsi. Sheyga weelka ah ee wax lagu karsado ee jaandiga ama eeriga ka samaysan.

pancake (*pan keyk*) Baankeeg ama canjeelo qalaad. Canjeelo beed, caano, daqiiq iyo sonkor laysku qooshay laga sameeyo.

parachute (*para shuut*) Baarashud. Dalaayad dayuuradaha cirka lagaga soo boodo oo dhulka lagu soo dego.

paper (*pey pa*) Waraaq. Waraaqda wax lagu qoro ama lagu daabaco sida tan aad akhrisanayso.

parcel (*paa sal*) Buqshad. Hadiyada la xidhxidho ee boosta layso dhigo.

parent (*pee rant*) Waalid. Aabaha iyo hooyada ku dhalay.

park (*paark*) Beer Raaxo. Goob Baabuurta la dhigo.
1 Meel cagaar ah, dhir leh oo loo sameeyay in lagu ciyaaro oo carruurta lagu maaweeliyo ama lagu nasto.
2 Banaan loogu tallo gallay baabuurta in la dhigto marka mudo gaaban laga maqnaanayo.

parrot

parrot (*parat*) Babaqaa. Shimbirta hadasha. Waa shimbir midabyo qurux badan leh oo wixii lagu hadlaba ku hadli karta.

party (*paar tii*) Xaflad. Koox. Xisbi.
1 Dad badan oo meel isugu yimi si ay isaga tumaan oo is maaweeliyaan.
2 Koox isu raacday safar shaqo.
3 Urur siyaasi oo wadaaga ra'yi siyaasi iyo aragti.

pass (paas) Dhaafid. Luuq. Imtixaan gudbid.
1 Dhaafida ama gudubka wax ku hor maro ee ku daafo.
2 Wado yar oo dhex marta laba taag ama buurood.
3 Imtixaan loo fadhistay oo lagu guulaystay.

passenger (pasin ja) Baasijar. Rakaab. Qofka ama dadka gaadhi, dayaarad ama markab saaran.

paste (peyst) Xabag. Cajiin.
1 Dareere xabag ah oo laba wax isku dhejiya sida warqadaha.
2 Wixii u qooshan sida cajiinta laga dubo canjeelada mark aan weli la dubin ee ay qooshantahay ama tamaandho (yaanyo) shiishiida.

patch (pach) Ragcad. Buqcad.
1 Gobol maro ah oo meel daloosha lagu ragcay ama gobolo rabadh ah oo shaag lagu ragco.
2 Gobol dhul ah ama jaago.
3 Gobol yar oo ka mid ah meel dhul ah.

pattern (pa tan) Naqshad. Naqshad daabac oo ah wax sidii uu u sawirnaa loo naqilay oo loo sameeyay.

pavement (peyv mant) Wado-cageed. Jid wadada baabuurta dhinac marta oo logu talo galay dadka lugaynaya.

paw (poo) Qoob. Qoobku waa cidi weyn oo adag oo ku taal xayawaanka qaarkii meesha ay ku socdaan sida qoob fardoodka - libaaxa oo kale.

pay (pey) Bixin. Siin. La gudbiyo. Mushahar.
1 Bixinta layska bixiyo lacag laysku leeyahay ama layska sugayo.
2 Mushahar waa lacagta laysa siiyo todobaad ama bilwalba aakhirkeeda ee la shaqaysto.

pea (pii) Digir. Salbuko. Xabuub hadhoodhka laa le'g, cagaar ah, la karsho oo la cuno.

peace (piis) Nabad-gelyo. Colaad li'i iyo xasilooni. Waa marka aan dagaal jirin ee la dhib la' yahay.

peach (piich) Farsuug. Khudrad casuus ah, macaan oo dhexda laf ku leh oo aan cambe laf ahayn.

peacock

abcdefghijklmnopqrstuvwxyz

peacock (ρii kok) Daa'uus. Shimbir dabo weeyn oo baalal midabyo qurux badan leh kala bixisa.

peak (ρiik) Fiiqa sare ee buuraha. Meesha meel ugu sareeysa.

peanuts

peanut (ρiinaat) Laws. Midho qolof adag oo marka la jebsho waxa dhexda ku jira la cuno.

pear (ρeer) Canbaruud. Khudrad ubada u qaab e'eg, macaan oo isaga oo aan la karin macaan ahaan loo cunno.

pebble (ρe bal) Quruurux. Dhagax aad u yar yar.

peck (ρek) Dhukubis. Shimbirtu habka ay afka cuntad ugu dhufdhufto marka ay wax cunayso.

pedal (ρe dal) Dacsad makiinadeed. Waa meesha cagta la saaro marka la rabo in makiinad, baaskeelad iyo wax la mid ah la dhaqaajiyo.

peel (ρiil) Diirid. Dhilid. Ka qaadida qolof laga qaado ama dhilo wax u baahan in qolf laga qaado sida baradhada, basasha iwm.

peep (ρiiρ) Dhugasho. Eegid degdeg ah ama meel daloosha wax ka eega sida albaab dalookii.

peg (ρeg) Biin. Dharka lagu wadho. Dharka la wadho biinka lagu qabto si aan dabayshu u ridin.

pen (ρen) Qalin Khad. Qalabka wax lagu qorto ee khadka lagu shubo.

pen

pencil (ρen sil) Qalin. Qalinka aan khadka lagu shubin ee wata dhuuxa adag ee madaw ee wax qora.

penguin (ρen gwin) Shimbir. Shimbir dhulka qabaw ku nool, lugo gaagaaban, gaabisa oo kuurkuursta marka ay soconayso oo aan duulin.

penny (*penii*) Qadaadiic. Gambo. Kuumi. Lacagta naxasta ka samaysan mid ka mid ah ee ingiriiska.

people (*pii pal*) Dad. Noolaha wixii aadamiga ah ee u kala baxa rag iyo dumar.

pepper (*pe pa*) Filfil. Wax daqiiq ah, dhadhan kulul oo kaa hindhisiya leh haday sanka kaa gasho.

perhaps (*pa haps*) Malaha. Wax laga yaabo in uu jiro, dhici karo amaba aan laga yaabin in uu jiro ama dhici karo. Waa wax aan la hubin.

person (*per san*) Qof. Naag, nin, ama ilmo keli ah. Marka aan qofka cid kale wehelin ee keli yahay.

pet (*pet*) Xaywaan guri joog ah. Xaywaanka dadka la nool ee aan dad cunka ahayn, sida eeyga, bisadaha iwm.

photograph (*foowta graf*) Sawir. Sawirka kamaraha lagu qaado ee aan gacanta lagu samayn.

piano (*pi yanoow*) Buyaane Waa qalab ka mid ah wax yaabaha muusikada lagu tumo.

picnic (*pik nik*) Dhulka qaboobaha habka dibada loo baxo, ee wax lagu cunno, ee qoraxda lagu raaxaysto.

picture (*pik cha*) Sawir. Sawirka kamare, gacan ama burush lagu sawiro.

piece (*piis*) Jab. Wax Yar. Qayb ka mid ah wax kale. In yar oo laga soo gooyay wax weeyn.

pig (*pig*) Doofaar. Bahal buuran, gafuur weyn oo af arag xun, dabo gaaban oo Muslinka cadkiisu waa ka xaaraan.

pigeon

pigeon (*pijin*) Qooley. Shimbir kuusan oo luga yar yar. Guryaha saqaf kooda ayay ku nooshay meelaha qarkood.

pile (*payl*) Is kor teedis/kor saar. Waa marka wax lays kor saar saaro.

pillar (*pila*) Tiir. Guryaha ayuu badi u yahay wax kor u haya. Waxa laga sameeyaa qori ama dogob adag.

abcdefghijklmnopqrstuvwxyz

pillarbox (pila boks) Sanduuq-waraaqeed. Sanduuq waraaqaha laysu diro lagu rido si boosta loo dhigo. Waxay badi ku yaalaan dhinacyada meelo xaafad walba loogu talo galay iyo dukaanka boost barbarkiisa.

pillow (piloow) Barkin. Habeenkii marka la seexdo sheyga jilicsan ee madax la dhigto.

pilot (pay lat) Duuliye. Qofka dayuuradaha cirka layliya ee wada.

pin

pin (pin) Biin. Bir yar oo afka hore iska ga xidhanta. Waxuu isku xidhaa laba maro oo la rabo in laysu geeyo. Waxa kale uu yahay biinka dharka la tolayo isu geegeeya ee afkana fiiqan dabadana buuran.

pineapple

pineapple (payn apal) Cananas. Khudrad macaan, qolof yar adag leh, dhusha caleemo cagaaran ku leh oo la miirto ama sideeda loo cuno oo dhexda ka daloosha marka la dhilo.

pinch (pinsh) Qanjiidho. Qanjaruufo. Wax ku qabashada kulul ee farta murdiso iyo suulka la adeegsad ee dadku necbaysto. Far iyo suul wax ku qaadida milixda iyo wixii daqiiqsan lagu qaado.

pink (pink) Casuusi. Midab aan casaan xaani ah ahayn. Waa casaan fasakh ama cadaati ah.

pint (paynt) Dhucay yaray. Sideed (8) ducay waxa ay la mug (buux) tahay hal (1) galaan.

pipe (payp) Dhuun. Bir ama caag dhexda ka daloola sida qasabad ama tuubo.

pirate (pay rat) Budhcad-badeed.

pit (pit) Xufrad. God. Dhul la qoday oo dalool dheer.

place (pleys) Meel. Goob.

plain (pleyn) Saafi. Banaan.
1 Wax aan dadnayn ee muuqda.
2 Dhul balaadhan oo isku siman.

abcdefghijklmnopqrstuvwxyz

plait (plat) Rablo. Tidic. Timaha marka la kala qaybqaybsho ee qayba gooni loo rableeyo ee lays weey-weey daariyo.

plant (plaant) Dhir. Beeritaan.
1 Wixii cagaar ah ee dhulka ka baxa.
2 Beerida wax la beero.

plate (pleyt) Bilaydh. Saxan. Weelka wax lagu rito ee lagu cuno ee laga sameeyo jaandi ama eeri iwm.

play (pley) Ciyaar kaftan. Dheel. Riwaayad.
1 Waa marka si ula kaca laysu rux ruxo ama boodboodo ee laga helo.
2 Qof lala kaftamo oo wax aan jirin lagu yidhaaho ama sheego.
3 Canjilida wax la canjilo sheeko ku dhisan ee daawashadeeda lacag laga baxsho.

please (pliiz) Fadlan. Eray edeb sami marka la dhoonayo la hor marsho. Marka qof wax la weeydiisanayo ayaa erayga loo hor mariyaa.

plenty (plen tii) Badan. Wax tiro ama faro badan oo aan yarayn.

plot (plot) Bloodh. Jago. Loo tashado. Mucda.

1 Dhul loogu talo galay in la dhiso.
2 Arrin meel laysla soo dhegay oo cid lala damcay in lagu khiyaameeyo.
3 Sheeko waliba waxa ay leedahay uljeedo la damcay in ay reebto xasuus. waxa ay sheekadu isugu soo ururto ayaa mucda sheekada ah.

plough (plaw) Cagafcagaf. Gaadiidka weyn ee beeraha lagu falo.

plug (plaag) Rifid. Fur-dabool. Rujin.
1 Rifida digaaga baalka laga rifo marka la qalo.
2 Qasabada weelka lagu xalo furkeeda.
3 Rujinta wax meel ku aasan sida dhirta ama ubax kor inta laga qabto la dhufto.

plunge (plaanj) Isku dhex tuur. Wax badhtamah la goosto iyada oo loola kacay iyo iyada oo aan loola kicinba.

pocket (pokit) Jeeb. Kiish yar oo shaatiyada nimanka iyo koodhadhka badi lagu tolo. Waxuu kaydiyaa lacagta iwm.

poem (poo wim) Gabay. hees aan muusiko lahayn oo murti leh.

59

abcdefghijklmnopqrstuvwxyz

pointed (poyn tid) Fiiqan. Wax af dhuuban oo wax mudi kara.

pond (pond) Haro. Biyo fadhiisin yar.

pony (poownii) Faras yar. Faraska dhasha ah.

poor (puuwa) Miskiin. Faqiir. Lacag iyo hanti la'aan ama yarri.

porter (poorta) Xamaal. Qofka meel wax ka qaada ee meel kale geeya ee ku lacag qaata.

postcard (poowst kaard) Booskaadh. Gobol yar oo warqad adag ah oo laysu diro marka la wada xidhiidhayo ee lays war gelinayo. Waa waraaq dhinac sawir ku leh oo aan gal la gelin marka laysu diro.

Post Office (poowst ofis) Boosta. Meesha waraaqaha, bushqadaha iyo booskaadhada laga diro.

pot (pot) Dheri. Shey godan, badi dheri ah oo wax lagu karsho..

potato (pa teytoow) Baradho. Khudrad dhulka ka baxda, kubad yar u e'eg, la karsho la shiilo ama la dubo.

pour (poor) Shubid. Dareeraha marka lagu shubo weel. Shubida wax la shubo.

powder (pawda) Daqiiq. Wixii ridqan ee aan buurbuurnayn.

praise (preyz) La amaano. Amaan. Amaanta wax la amaano.

pray (prey) Ducaysi. Ala tuugsi. Wax weeydiisiga Ilaahay wax la weeydiisto.

pray

prayer (preer) Tukasho. Salaad. Duco. Waa marka la aqoonsanyahay in Ilaahay lala xidhiidhayo ee diiniba sidii ay dadkeeda u fartay loo tukado.

preach (priich) La wacdiyo. Qof marka lagu wacdiyo sida hagaagsan ee diintu ina fartay.

precious (preshas) Qiimo leh. Qaayo leh. Wax qaali ah oo ay adagtahay sida loo gooyaa.

preface (pref as) Hordhac. Buug walba oo la qoro waxa uu leeyahay baal iyo wax ka badan oo lagaga hadlo waxa buugu ku saabsan yahay. Waa furaha buuga.

abcdefghijklmnopqrstuvwxyz

prefer (*prifer*) Laga fadilo doorasho. Laga jeclaysto. Laba wax oo kala doorasho leh ka la doorashadood. Waa wax doorasho la door biday.

pregnant (*preg nant*) Uur leh. Haweeynaydu marka ay ilmo uurka ku sido.

prepare (*pri pee*) La diyaariyo. Uu diyaar noqdo. Waa marka wax la diyaariyo ama diyaar yahay.

present (*pre sant ama prizent*) Joogid. Haddiyad.
1 Joogitaanka meel la joogo ee xaadir la yahay. Waa maqnaansho la'aan.
2 Wax qof hadyad loo siiyey waqti farxadeed ama abaalgud.

preserve (*pri zerv*) Xafidid. Kaydin. Wax la dayac tirayo oo lagu hubsado meel adag.

press (*pres*) La cadaadsho. Riixo. Wax xoog loo riixo ama cadaadsho.

pretend (*pri tend*) Iska yeelyeel. Marka wax aan la ahayn ama jirin layska dhigo.

pretty (*pri tii*) Qurux leh. Wax aan fool xumayn.

prevent (*pri vent*) La joojiyo. Wax meel loo ogolaan waayo.

price (*prays*) Qiimo. Wax inta lagu gadan karo ee qiimahiisu yahay.

price

pride (*prayd*) Isla weyni wacan. Han weyni. Isla weeynida caafimaadka qabta ee badi dadka ku jirta.

prince (*prins*) Ina Boqor. Wiilka boqorku ama boqoradu dhashay/dhalay.

princess (*prin ses*) Ina Boqor. Gabadha boqorka ama boqoradu dhashay/dhalay.

principle. (*prinsi pal*) Muhim. Wax aad u muhim ah marka waxyaale kale la barbar dhigo.

principal. (*prinsi pal*) Maamule. Maamulaha dugsiga u madaxda ah.

abcdefghijklmnopqrstuvwxyz

print (*print*) Daabacaad. Marka xaanshi/warqad makiinad la gesho ee wax lagu daabaco. Waa marka makiinada daabacaada u gaarka ah lagu daabaco. Wa dabacaada wax la daabaco.

prison (*prizan*) Xabsi. Meesha dadka danbiilaha ah lagu xidho.

private (*pray vat*) Gaar ah. Wax lahaan shaheedu u go'an tahay dad gaar ah.

prize (*prayz*) Abaalgud. Marka la kala badsho waxa laysa siiyo.

problem (*problam*) Mushkilad. Wixii dhib ka timaado.

produce (*pra dyuus*) Wixii la soo saaro. La tuso. Ay dhasho. Ay sababto.
1 Sixirloowigii waxa uu koofiyadiisa ka soo dhex saaray shimbir.
2 Beeraha waxa ka baxa cunto iyo wax la jira (wax ay beertu soo saarto).
3 Arrinta aan loo fiirsan dhib baa ka dhaca ama abuurma.

profession (*pra feshan*) Shaqo. Qof shaqada uu qabto ee aad u yaqaan.

profit (*profit*) Macaash. Wixii lagu gado ama laga helo wax ka badan intii qiimahiisu markii hore ahaa. Ka helida macaash.

progress (*proow gres*) Horumar. Heerka sare ee wax laga gaadho.

promise (*promis*) Balanqaad. Wax sidii loogu balan qaaday fushay.

proof (*pruuf*) Cadayn. Arrin aan been lahayn.

propeller (*pra pela*) Marwaxada makiinadaha dayuuradaha ama maraakiibta dhaqaajisa.

propeller

property (*pro patii*) Lahaansho. Wax la leeyahay. Wax gof yed u leeyahay ee aan cid la lahayn.

propose (*pra poowz*) La soo jeediyo. La soo hor dhigo. Loola jeedo.

Qq

Arrin in laga faalooda ama laga wada hadlo loo soo hordhigo qof iyo wax ka badan.

prosper (*pros pa*) Barwaaqo soo. Taajirid. Najaxaad.

protect (*pra* tekt) La dhawro. La ilaaliyo. Wax la dayac tiro. Magan gal.

protest (*pra* test ama *proow* test) Banaanbax. Is hor taag. Arrin aan la waafaqsanayn habka lagu diido.

proud (*prawd*) Qab Dhaaf. Isu bogid fara badan.

prove (*pruuv*) Xaqiijin. Cadayn. Hubin. Arrin la hayo wixii lagu rumaysan lahaa.

purse (*pers*) Kiish lacageed. Kiishka yar ee shandada gacanta ama jeebkta lagu rito ee lacagta dumarku ku qaataan.

push (*push*) Riix. Dhiiri gelin.
1 Qabashad wax ee dib loo riixo iyada oo aan kor loo qaadin.
2 Dhiiri gelinta wax aan lagu dhiradeen laysku dhiri galiyo.

quack (kwak) Codka boolo-boolada/badada. Waa codka ay sameeyso shimbirta cagaha balbalaadhan ee biyaha ku dhex nool ee marka ay soconaya dheeldheelida.

qualify (kwoli fay) Aqoonsi karti iyo hufnaan. Gudubka lagu gudbo imtixaan ee aqoonsi qoraal laysku siiyo.

quality (kwoli ti) Tayo. Qiim leh. Wax tayo iyo qiimo leh.

quantity (kwonti ti) Tiro. Inta wax tiro le'eg yahay marka la tirsho ama qayaaso.

quarrel (kworal) Muran. Is maag. Dood. Wax laysku khilaafo oo si aad ah oo cadho ku jirto looga wada hadlo.

quarter (kwoor ta) Rubuc. Xaafad.
1 Wax afar meelood loo qaybshay meel ahaan.
2 Magaalo xaafado u qaybsan xaafad ka mid ah.

abcdefghijklmno**qr**stuvwxyz

queen (kwiin) Boqorada. Haweenay Boqorad ah oo dal loo caleemo saaray in ay xukunto oo dhaxltooy u heshay ama xaaska boqorka.

question (kwes*chan*) Su'aal. Weeydiinta wax lays weediiyo si loo ogaado jawaabta wax aan marka la hayn ama la rabo jawaabteedii.

queue (kyuu) Saf. Layn. Isdabo joogsi lays dabo joogsado oo ujeedo leh.

quick (kwik) Dhakhso. Firfirconi ama caqli badni.
1 Wax aan lagu raagin ee hore loo qabto.
2 Qof fahamkiisu dhakhso leeyahay.

quiet (kway *at*) Aamus badan. Buuq la'aan. Hadal yar.
1 Qof aan hadal badanayn.
2 Meel aan buuq lahayn.

quinine (kwin iin) Kiniin . Daawada xabuubka ah ee la liqo.

quite (kwayt) Iska aad iyo aad. Marka qof laga hadlo waxaa la odhan karaa waa iska caafimaad qabaa ama aad iyo aad buu u caafimaaad qabaa. Laba micne ayaa eraygu bixiyaa oo ah kuwa kor ku yaal ee kala duwan.

quiz (kwiz) Kedis. Waa imtixaan aan loo fadhiyin waqti fara badan.

Rr

rabbit (rabit) Bakayle. Xayawaan yar, dhego dhaadeer, lugaha danbe ku boodbooda oo carruurta Somaaliyeed marka ay kixda qaadaan daawo ahaan loo siiyo hilibkiisa.

rabbit

race (reys) Tartan. Orodka dhakhso loo ordo ee meel la cayinay gaadhideed loo kala dheereeyo.

radar (reydaar) Qalabka dayuuradaha iyo maraakiibta hawada ama badda soo gelays lagu eego.

radiator (reydiiy eyt*a*) Kulayliyaha guryaha. Hiitarka. Raadyatoore.
1 Dhulalka qaboobaha kulayliha la shito ee guryaha kululeeya.
2 Makiinada baabuurka qaboojisa.

rag (rag) Calal. Maro jeexjeexan oo duug ah. Waa dharku marka uu gabaw awgii la jeexjeexmo.

rage (reyj) Cadho. Xanaaq badan. Waa qofku marka uu cadho awgii isku so dhegdhego.

railway (reyl wey) Xadiidka. Tiraynka.
1 Waa labada birood ee is barbar roora ee taraynku ku socdo.
2 Waa tiraynka naftirkiisa ee ah gaadiidka dheereeya ee aan shaagaga ku socon ee xadiidka ku socda.

rain (reyn) Roob. Dhibcaha biyaha ah ee daruurta cirka ka da'a.

rain

rainbow (reyn boow) Qaanso. Cirka liidadka kala midabka ah ee ka samysma ee quruxda badan.

rake (reyk) Fargeeto beer faloow ama qashin. Waa qalab leh gacan dheer oo la qabto iyo faraha fargeetada oo kale oo beerta lagu falo. Qaarna qashinka ayaa lagu guraa oo lagu mud mudaa.

ram (ram) Wanka. Neefka idaaha ee lab.

rank (rank) Darajo. Heer.
1 Waa heerka qof ka gaadho shaqada la kala sarsareeyo.
2 Heerka sare ee wax laga gaadho.

ransom (ransom) Madax furasho. Qof la af duubay waxay afduubayaashu qabsadaan ee la siiyo sida lacag go'an.

rapid (rapid) Dhakhso badan. Degdeg. Si dhakhso badan marka wax loo qabto ama sameeyo.

rare (reer) Dhif iyo naadir. Wax aan had iyo jeer dhicin, la qaban, ama samayn.

rascal (raskal) Ciyaala Suuq. Qof da' yar oo edab daran.

rat (rat) Jiir. Dooli. Bahal yar oo ilko fiiqfiiqan oo xadhkaha gooya leh. Guryaha ayuu god ka samaystaa oo ku noolaadaa si uu cuntada ugu keydsado.

raw (roo) Ceedhiin. Aan gaardiidsanayn. Cunto aan la bisleyn weli. Qof u baahan isku dubarid iyo tababar dheeraad ah si uu basar u yeesho.

razor (reyza) Mandiil. Makiinada timaha gadhka iyo madaxa layskaga xiiro.

reach (riich) La Gaadho. La tiigsado. La soo qabto.
1 Marka wax kaa horeeya la gaadho/qabto.
2 Wax meel kor ah yaala oo gacanta lagu tiigsado soo qabashadiisa.
3 Qof horeeya oo aad ula kac u soo qabatay tartan ahaan ama gadhis ahaanba.

read (riid) Akhris. Kor ugu dhawaaqa ama indho ka akhriga qoraal meel ku yaal.

ready (redi) Diyaar. Wax waqtigii la rabay aan ka danbayn.

real (riil) Run. Dhab. Wax jira.
1 Hadal ama wax run ah oo an been ahayn.
2 Wax jira oo aan la hindisin.

realize (riiya layz) Garasho. Rumaysi.
1 Wax aakhirkii la gartay. Markii hore sidii la moodayay wax aan ahayn oo la fahmay akhirkii.

2 Wax la rumaystay in uu xaqiiq yahay.

really (riy li) Wala. Ma dhabaa? Hubaal? Wax aan la rumaysan ee shaki ku jiro marka la xaqiiqsado eray lagu nuuxnuuxsado oo hubin ah.

reap (riip) Bislaanshaha midho geed. Waqtiga midha goosiga. waa marka beertu ay bisishayahay nabaadka ka baxa ee la goosan karo.

reason (riizan) Sabab. Loo food saaray.
1 Sabab wax u dheceen.
2 Arrin dhacday wixii u sabab noqday.

reasonable (riiz nabal) Macquul ah. Caqliga gala.
1 Qof u hubsada waxa uu ka hadlo oo gef yar.
2 Arrin caqli gal ah oo run noqon karta.

receipt (ri siit) Rasiidh. Helid.
1 Warqada qoraal ahaan laysa siiyo ee muujisa lacag la kala qaatay ama siinayo.
2 Helid qoraal la kala helo.

receive (ri siiv) La helo. Laga hor tago ama qaabilo.
1 Wax laysu soo diray kala helitaan kiisa.

abcdefghijklmnopqrstuvwxyz

2 Qof soo degay ama meel yimi soodhaweyntiisa.

reception (ri sepshan) Xaflad. Goob xafladeed. Qaabilaad.
1 Xaflad dad isugu yimaadeen oo ujeedo leh.
2 Meesha xaflada lagu qabtay.
3 Ka hortaga qof iyo soo dhaweeynta.

recent (rii sant) Waqti dhaw. Wax dhacay ama jiray waqti aan fogayn.

reckless (rek las) Ka dare. Wax iskuma fale. Qof aan waxba ka fiirsan ama danayn waxa uu yidhaaho, sameeyo ama ku kaco.

recognition (rekag nishan) Aqoonsi. Aqbalaad. Wax la aqonsaday oo meel maray.

recollect (reka lekt) Xasuus. Feker tartiib kuugu soo dhaca dhaca. Wax waa hore kusoo maray oo aad xasxasuusato.

recommend (reka mend) Lagu waansho. lagu dhiiriyo. Wax qof loo xayaysiiyo oo wanaagisa la dareensiiyo.

record (rekoord) Rikoodh. Qoraal la kaydiyo. Warbixin qoran. Dikomenti. Wax si loogu noqon karo markii la rababa qoraal ahaan meel logu hubsaday oo la kaydiyey.

recover (ri kaava) Laga bogsado. laga kaabto. La helo.
1 Waxyeelo laga bogsaday.
2 Wax la la'aa oo la helay.

red (red) Cas. Guduud ah. Midab dhiiga u e'eg.

reduce (ri dyuus) La dhimo. Hoos loo dhigo. La yareeyo. Wax dhiman la gaabiyo ama la yareeyo.

refer (ri fer) Tixraac. Wax lagu hal qabsado.

referee (refa rii) Garsoore. Siidhiwale. Qofka marka kubada cagta la ciyaarayo siidhiga u haya ama firinbiga.

refine (ri fayn) Safaysan. Wax warshadi soo saartay oo heerkii ugu danbeeyay soo maray. wax aan dib hagaajintii loogu noqonayn.

reform (ri foorm) La qorsheeyo. La hagaajiyo. Wax sidii uu hore u ahaa laga sii hagaajiyay.

abcdefghijklmnopqrstuvwxyz

refrain (ri freyn) Laga dhawrsado. Layska ilaaliyo. Laga caagan yahay. Wax qofku isu diiday in uu sameeyo, cuno ama qabto.

refrigerator

refrigerator (ri frij areyta) Fritijeer. Sheyga cuntada iyo cabitaanka mudada dheer lagu kaydiyo ee in uu xumaado ka ilaasha.

refugee (refyuu jii) Laaji. Qoxooti. Qof dal qalaad nabad gelyo u raadsaday oo dega.

refuse (ri fyuuz ama ref yuus) Diidmo. Qashin.
1 Wax la diiday oo aan la ogolaan.
2 Wax aan faa'iido lahay oo la daadsho.

region (rii jan) Gobol. Dal qayb qaybahiisa ka mid ah.

register (reji sta) Rajistarka. Buug lagu taxo magacyada ama alaabo la rabo in la kaydiyo ama lagu noqnoqdo.

reindeer (reyn diya) Xaywaanka geesaha dhaadheer ee is kor saar saaran leh oo deero weyn u e'eg.

rest (rest) Nasasho. Joojinta shaqada iyo ciyaartaba ee nafta loo raaxeeyo.

rhinoceros (ray nosaras) Wiyil. Xayawaanaad aad u weyn, dibad ku nool ah, harag adag oo hal gees sanka kaga yaal.

rhinoceros

ribbon (riban) Maro yar, shuushad oo gabdhaha yaryar loo xidho.

rich (rich) Taajir. haynta lacag ama xoolo fara banan. Qof maal badan leh.

abcdefghijklmnopqrstuvwxyz

ride (rayd) La fuulo/qoro. Tareenka, baaskeelada/ bushkuleetiga iyo faraska intaba waa la fuulaa ee lama raaco sid baabuurta.

right (rayt) Midig. Sax.
I Labada gacmood bidix mooyee tan kale.
2 Wax aan khalad ahayn ee hagaagsan.

ring

ring (ring) Kaatun. Fargal. Wax farta la gasho, dahab, sufur ama macdan ka samaysan.

ripe (rayp) Bisil. Wax aan ceydhiin ahayn ee cunid diyaar u ah.

river (riva) Webi. Biyaha dhulka jeexa ee dhul dheer mara ama badda isku shuba.

road (roowd) Jid. Dhul dheer oo gaadhiyaasha, dadka iyo xoolaha ay maraan.

roar (roor) Cida libaaxa iyo shabeelka.

roast (roowst) Huuris. Marka hilibka ama khudrada lagu bisleeyo foornada laguna isticmaalo subaga.

robe (roowb) Toob. Kurdad dheer. Sheyga dharka ah ee marka la xidho ilaa cidhbaha gaadhaysa.

rock (rok) Dhadhaab. dhagax aad iyo aad u weyn.

rocket (rokit) Dayax-gacmeed. Sayruukh. Makiinada cirka loo diro ee meel aan dayuuradaha gaadhi karin gaadha.

rocket

roll (roowl) Isrogrog. Waa marka dhinacyada laysu rogrogo.

roof (ruuf) Saqaf. Daboolka guriga la saaro marka dhismaha u dhan yahay.

room (ruum) Qol. Guriga meel ka mid ah oo la seexdo,fadhiisto,lagu cunteeyo ama wax lagu karsado. Waa qeyb ka mid ah qeybaha guriga.

root (ruut) Xidid. Geedka qeybta dhulka hoostiisa ka baxda.

rope (roowp) Xadhig. Waxa dheer,soohan ee laga sameeyo xig ama dun adag. Waa sheyga wax lagu xidhxidho ama wadho.

rough (raaf) Kala-dheer. Wax aan isku sinayn oo raaxo lahayn ama nolal rafaad ah.

round (rawnd) Wareegsan. Wax qaab kubadeed leh.

roundabout (rawnd abawt) Goolad baabuur. Gooladda baabuurtu ka kala wareegaan. Shiirimiiri; Qalab ciyaareed,carrurtu fuusho oo hal doorad ah oo isku soo wareejisa, wuxuu leeyahay qaab isku soo wareeg ah oo meelo la fadhiisto leh.

rub (raab) Masax. Tirtir. Waa marka wax laga ba'sho meel sida qoraal ama wisikh. Waa masaxaad wax tirtirida adeegsada sida marada.

rubber (raaba) Rabdh. Cinjir. Goomo.

ruler (ruula) Mastarad. Waa sheyga lagu qiyaaso dhererka ama dhumucda la rabo in la ogaado qiyaasteeda.

rubbish (raa bish) Qashin. Micno-dari.
1 Wixii aan faa'iido lahayn ee layska daadsho.
2 Hadal aan micno lahayn ama wax aan micno lahayn.

rude (ruud) Edeb daro.
1 Basar ama xishood li'i.
2 Qof akhlaaq xun

run (raan) Orod. Carar. Waa marka labada lugood si degdeg ah loogu dhaqaaqo oo aan socod ahayn.

Ss

sack (sak) Kiish. Wax maro laga sameeyey oo ah kiishad weyn oo wax lagu gurto.

sad (sad) Murugo. Farxad li'i. Qalbi xumo.

safe (seyf) Nabad gelyo. Waa marka qatarta laga nabad galo.

sailor (sey la) Badmareen. Badmaax. Qofka maraakiibta raaca ee ka shaqeeya.

salt (solt) Milix. Cusbo. Waa burka dhanaan ah ee cuntada lagu darsado.

same (seym) Isku mid. Isu'eg. Wax isku jaad ah oo aan kala duwanayn.

sand (sand) Ciid. Camuud. Waxa dhulka daadsan ee dabayshu qaado. Waa burburka dhaadhaabada aduunka ee dhulalka lama degaaanka daadsan ee ka buuxa.

saucepan (soos pan) Digsi. Dheri. Dheriga macdanta ka sameysan ee wax lagu karsado.

saucer (soosa) Seesar. Saxanka yar ee koobka shaaha salka (gunta) loo dhigo.

saw (soo) Miinshaar. Bir ilko looxaanta goysa leh.

scales

scales (skeylz) Miisaan. Sheyga la rabo in culayskiisa ama fudaydkiisa la ogaado ka la saaro ee qiyaasaa.

scar (scaar) Nabar. Calaamad. Wax kugu dhaca ee amaarad kaaga tago.

scared (skeerd) Baqo. Qofka marka laga bajiyo.

scarf (skaarf) Masar. Gobol maro ah oo lagu xidho madaxa ama qoorta.

school (skuul) Dugsi. Meesha loo tago (aado) in wax lagu barto.

scientist (sayan tist) Saynis yaqaan. Xeel dheer saynis. Qof heer sare cilmiga sayniska ka gaadhay.

scissors

scissors (sizaz) Maqas. Bir laba af oo is dhaaf u gooya leh.

scooter (skuu ta) Mooto. Dhugdhugleey. Gaadiidka labada shaag iyo matoorka (injiinka) dhaqaajiya leh.

abcdefghijklmnopqrstuvwxyz

scorpion (skoor piyan) Dibqalooc. Bahalka dabada qaloocan ee sumeysan wax ku qaniina.

sea (sii) Badda. Dhulka biyaha milixda leh ee lagu dabaasho ee kalluunka (malaayga) ku nool yahay, maraakiibtana marto.

seat (siit) Kursi. Qalabka xafiisyada iyo guryaha la dhigto ee loogu tala galay in lagu fadhiisto.

secret (siik rat) Sir. Wax dad gaar ah og yahay oo aan cid kale loo sheegin.

see (sii) Arag. Awooda indhahu wax ugu muuqdaan.

seed (siid) Iniinyo. Midho. Dhirta iyo khudraduba waxay ka abuurmaan.
seek (siik) Raadi. Wax la baadho ama la doono.

see-saw (sii-soo) Leexo. Qalab ciyaareed loox dheer ka sameysan oo marka geftin (dacal) lagaga fadhiisto marna hoos u dega marna kor u kaca.

sell (sel) Gadid. Iibin. Wax lacag lagaa siisto.

send (send) Diris. Qof ama wax meel loo diro.

sew (soow) Tolid. Irbada marka dunta ay ku jirto maro marna la gesho marna laga saaro ee wax la tolayo.

shake (sheyk) Ruxruxid. Wax si dhaqso ah loo lululo.

share (sheer) Qaybsasho. Wax la wada leeyahay oo midba in is le'eg qaato.

shark

shark (shaark) Libaax-badeed. Kalluunka qatarta ah ee bada laga helo dadkana cuna.

sharp (shaarp) Af-badan. Soofaysan. Wax Dhaqso wax u goyn kara sida mindida.

shave (sheyv) Xiiran. Waa marka madaxa ama gadhka timaha laga xiiro ee laga dhameeyo.

72

sheep (shiip) Ido. Neefka xoolaha ah ee aan riyaha ahayn ee baruurta badan. Kuwa laga helo dhulka qaboobaha waa dhogor badan yihiin, kuwa Soomaaliya laga helana waa madax madow yihiin oo badhi weyn yihiin.

sheet (shiit) Go'. Marada weyn ee ama sariirta lagu goglado ama la huwado.

shelf (shelf) Rafka (rako) . Meesha sare ee wax la saaro ama rakooyinka buugta iyo dharka la saaro.

shell (shel) Alleelo. Qolof.
1 Qolofta kalluunka qaar ka baxo ee bada agteeda daadsan.
2 Qolofta beedka ku dahaadhan ama lawska.

shell

shepherd (she pad) Adhi-jir. Qofka idaha raaca ee daaq geeya.

shine (shayn) Dhalaal. Birbiric. Wax iftiin badan.

ship (ship) Markab. Gaadiidka bada mara ee doonida ka weyn.

ship

shiver (shiva) Qadh-qadhyo. Qabow fara badan oo jidku marka uu iska xejin kari waayo gargariiro.

shoe (shuu) Kab. Lugta wax la gesho ee lagu socdo ee aan sharabaadka ahayn.

shoot (shuut) Toogasho. Marka xabaddu bunduqa ka dhacda ama leebka qaansada ka dhaco ee wax ku dhaco.

shop (shop) Dukaan. Meesha wax laga soo gato ee ah sar lagu hayo cunto ,
maacuunta ama dharka.

short (shoort) Gaaban. Wax aan dheerayn ama fogayn.

shorts (shoortz) Surwaal gaaban. Sheyga labada lugood lagu soo gashado ee dhexda lagu xirto ee lugaha gaagaaban.

shoulder (shoowl da) Garabka. Meesha gacanta iyo garabka iska galaan.

73

shout (shawt) Qaylo. Cod aad u dheer oo laga baqo.

shovel (sh*aav al*) Majarafad. Qalabka ka sameysan bir balaadhan oo qori adag afka kaga jirta. waxaa lagu qodaa dhulka.

show (shoow) Tusid. Marka wax lays tusayo.

shut (sh*aat*) Xidh. Wax aan furnayn.

shy (shay) Xishood. Khajilaad. Nebceysiga in meel lagu badan yahay wax laga sameeyo, yidhaaho ama dad aan la garanayn la dhex galo.

silent (sayl*ant*) Aamusan. Buuq la'. Waa sanqadh li'i.

silly (silii) Nacas. Doqon. Qof nacas iska dhigaya.

silver (silv*a*) Sufur. Midabka qalinka ah.
1 Waxaa laga sameeyaa lacagta, malgacadaha, mindiyada iwm.
2 Midab magacii.

sing (sing) Hees. Cod wacan, micna leh oo lagu dhawaaqo.

single (sing*al*) Keli. Aan la wehelin. Waa qofka aan cidi markaa wehelin ama la joogin.

sink (sink) Qasabadda. Degid.
1 Waa meesha saxuunta iyo weelka lagu dhaqo.
2 Waa marka qof ama markab badu liqdo.

sip (si*p*) Kabasho. Habka qunyar-qunyar wax loo liq-liqo sida biyaha ama caanaha.

sister (sist*a*) Walaasha. Gabadha aabe iyo hooyo idin wada dhaleen.

sit (sit) Fadhiisi. Waa marka badhida meel la dhigto sida kursiga ee la fadhiyo.

skeleton (skeli t*an*) Saabka Jidhka. Qalfoof. Lafaha jidhka isu haya. Waa waxa qaabka inoo yeela.

skeleton

skin (skin) Dubka. harag. Maqaar.
1 Dubka dadka ku yaal ee inagu daboolan.

abcdefghijklmnopqrstuvwxyz

2 Xoolaha dubka adag ee ku daboolan korkooda.

skip (skip) Bood-bood. Iska dhaaf.
1 Waa marka xadhiga laga dul bood-boodo.
2 Wax la sameeynayo oo aan la wada qaban ee qaar layska dhaafo ama wax la qoray oo qaar laga dul boodo.

sky (skay) Cirka. Samada. Meesha inaga sareeysa ee aduunka soo daboosha.

sleeve (sliiv) Gacanta shaadka. Shaadhadhka qaarna waa gacmo dheere qaarna waa gacmo gaab.

slide (slayd) Sibiibixad. Marka salka aad meel kala siibato.

slip (slip) Siibasho. Simbiriirixasho.
Waa marka lugi kula siibato ee aad dhicid ku dhawaato.

slipper (slipa) Janbal. Dacas. Kabaha guriga lagu joogo ee furan.

slow (sloow) Gaabis. Waqti badan marka wax lagu qaato ee aan la dhakhsan.

small (smool) Yar. Wax aan weynayn oo yar.

smell (smel) Urta. Waxa sankaagu uriyo ee ama qadhmuun ama udgoon.

smile (smayl) Ilka-cadayn. Qosol aan cod lahayn. Waa marka dibnaha la kala qaado ee ilkaha la muujiyo farxad awgeed.

smoke (smoowk) Qiiq. Sigar cabid.
1 Waa marka xaabo la shiday wax gubtay ka baxa ee kor u baxa.
2 Cabida la cabo sigaarka

smooth (smuuth) Isku siman. Sibiibix. Wax aan kuus kuus iyo buur buur toona lahayn.

snail (sneyl) Carsaanyo. Nooc kaluun/malaay oo qalqalooca oo cunidiisa la jecelyahay. Qolof uu ku dhuunto sida diinka ayuu leeyahay.

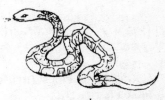

snake

snake (sneyk) Mas. Bahalka waabayda sunta ah leh ee khatarta ah.

snore (snoor) Khuuro. Codka dheer ee la sameeyo marka la hurdo.

snow (snoow) Baraf. Waxa cadcad ee qabaw ee cirka ka soo da'a ee dhulka qaboobaha qariya.

soap (soowp) Saabuun. Waxa biyaha marka lagu daro xunbeeya ee dharka lagu dhaqo.

sock (sok) Sharaabaad. Iskaalso. Waxa cagaha la gashado inta aan kabaha la gashan.

sofa (soowfa) Kursi dheer. Kursiga dheer ee lagu fadhiisto ee dhawr (ilaa 3) qof qaada.

soft (soft) Jilicsan. Wax aan adkayn.

soldier (soowl ja) Askari. Ciidanka qalabka sida mid ka mid ah.

son (saan) Wiil. Wiilka reerku dhalay ee lab.

song (song) Hees. Heesta marka muusikada la raacsho.

sound (sawnd) Cod. Sanqad. Wax alaale wixii sanqadh la maqli karo leh.

sour (sawa) Dhanaan. Wixii sida liinta u dhanaan ama caano dhanaan/suusac ah.

space (speys) Hawada Sare. Labo dhexaad. Madhan.
1 Hawada inaga saraysa ee xidigahu ku yaalan.
2 Masaafada laba meelood u dhexaysa.
3 Meel banaan oo laba meelood u dhexaysa.

spaceship (speys ship) Gaadiidka Hawada. Waa gaadiidka sida dayuuradaha cirka lala ee dayaxa fadhiista. Wax dayaxa iyo meel aan dayuuradahu gaadhi karin gaadha.

spade (speyd) Majarafad. Qalabka dhulka lagu qodo, afka balaadhan ee birta ah iyo meesha dheer ee qoriga ka samaysan ee la qabsado leh.

speak (spiik) La hadlo. Dhawaaqa erayada micnaha leh ka kooban ee laysku af garto. Waa waxa aadamiga in ay xidhiid toos ah iyo isfaham sahlan yeeshaan ugu wacan.

spear

abcdefghijklmnopqrstuvwxyz

spear (spiya) Waran. Hub laga sameeyo qori dheer oo afka hore murjis (bir saddex gees ah) ku leh.

spider (spay da) Caaro. Cayayaanka faraha dheedheer ku oroda ee guriga xuubka ka samaysan leh. Waxay guriga ka samaysataa koonayaasha guryaha marka aan mudo la safayn. Haday ku taabato waa lagu caaroodaa.

spider

spin (spin) Wareego cadayso. Wareegaalaysiga deg-dega ah ee aan la kala joojoojin. Waxii sidaa dhakhsaha leh loo warwareejiyo oo dhan baa eraygu la micne yahay.

spit (split) Candhuufo. Dareeraha afka laga tufo ee aan xaakada ahayn.

spoon (spuun) Malqacad. Qaado. Qalabka wax lagu walaaqo ama cuno. Waxuu ka sameeysan yahay macdan ama qori sida fandhaal.

square (skweer) Afar jibaar. Wax afar dhinac oo isku qiyaasan oo isku soo wareegsan leh sida sanduuqa.

squirrel (skwi ral) Dabagaale. Xayawaan yar, daba bul ah leh oo marka uu dadka arko lugaha danbe isku taaga oo dhakhso u carara.

squirrel

stairs (steerz) Salaan. Jaranjar. Saraha dheedher xatabadaha loo koro ee is dabo jooga ah.

stamp (stamp) Tigidh. Boolo. Waa gobol yar oo waraaq ah, xagga danbe xabag/koolo ku leh oo waraaqaha la dirayo lagu dhejiyo. Waxa badi ku kor sawiran wax mark arliga lag dirayo astaamaheeda ka mid ah.

stand (stand) Istaag. Cagahaaga marka aad ku joogsato ee kor u joogsato ee aanad fadhiyin.

77

abcdefghijklmnopqrstuvwxyz

stars (staarz) Waxa geesaha yaryar ee ifka leh ee cirka marka uu gudcurka yahay aad uga dhex dhalaala ee habeenkii soo baxa.

start (staart) Bilow. Ugu horeeya. Wax aan waxba ka horeeyn.

station (stey shan) Istaayshanka. Waa meesha gaadiidka laga raaco ama lagaga dego.

stay (stey) Joog. Ka hadhid. Waa tegid la'aanta la tegi waayo meel.

steal (stiil) Xadid. Gacan dhaaf. Tuugo. Qaadashada wax aan la lahayn la qaato ee in la qarsado loogu talo galay.

steel (stiil) Bir. Xadiid. Shay ka samaysan macdan adag oo aan si hawl yar loo kala jebin karin.

step (step) Talaabo. Xatabad.
I Ku dhaqaaqa hadba lug la dhigo ee lagu dhaqaaqo. Waa dhaqaaqa lugaha lagu dhaqaago.
2 Rakada simidhka ka sameeysan ee badi iridaha hortooda ka samaysan ee la soo koro marka guriga la gelayo.

stick (stik) Ul. Xabag.
I Wax qori ka samaysan oo dadka gaboobaa taageersado marka ay soconayaan.

2 Dareerah adag ee lagu adeegsado isku dhejinta waraaqaha iyo isku xabagayntooda.

sting (sting) Mici. Qaniinyo kaneeco ama bahal hoose. Waa waxa sida irbada kuu muda marka shinidu ku qaniinto.

stocking (sto king) Sharaabad Xuub. Sharaabaadka lugta oo dhan qarisya ee xuubka oo kale ah.

stone (stoown) Dhagax. Iafta. Wax dhulka daadsan oo ka samaysmay ciid adkaatay ee hadii laysku dhufto wax dakhara, guryahana laga dhiso.

stool

stool (stuul) Gambadh dheer ama gaaban. Kursi aan dhabar lahayn, lagu fadhiisto.

stop (stop) Joogso. La joogsado. Joojin. Dhamaynta wax markaa socday.

abcdefghijklmnopqrstuvwxyz

story (stoorii) Sheeko. Wax dhacay ama jiro oo laguu sheegaayo oo xiiso kuu hayo ama aad akhrisanayaso.

straight (streyt) Saani. Wax aan qalqaloocin oo toos ah.

straw (stroo) Caws. Qasab. Dooga qalalay ee waqtiga abaarta xoolaha loo dhigo ee cunaan.

stream (striim) Durdur. Tog yar ama biyo mareen yar.

street (striit) Dariiq. Jidka kala dhex mara laba sekeedood oo iska soo hor jeeda.

stretch (strech) Kala jiid. Wax la kala dhufto si ay qiyaastiisii isu bedesho oo u dheeraado.

string (string) Xadhig dhuuban. Xadhig ka sameeysan dun soohan, dheer oo wax lagu xidhxidho.

strong (strong) Xoog. Quwad. Waa marka aan daciif la ahayn ee quwad la hayo.

submarine (saab mariin) Markabka quusa. Nooca maraakibta bada ka bada hoos mara ee quusa.

submarine

sugar (shuga) Sonkor. Shaaha waxa cad ee milixda u e'eg, macaan ee lagu darsado.

sun (saan) Qorax. Kubada iftiinka iyo kulka badan ee cirka ka soo baxda aroortii ilaa malinta oo dhan waqtiga kulaylaha soo jeeda.

sunrise (saan rayz) Qorax soo bax. Waqtiga goraxdu soo bado.

sunset (saan set) Qorax dhac. Waqtiga qoraxdu godka gasho ee habeenku soo galo.

supermarket (suupa-maarkit) Macdaar weyn. Dukaan aad u weynoo waxyaallo badan haya.

sure (shuur) Hubaal. Dhabtii weeye. Marka aad is hubto ama wax la hubo oo aan shaki ku jirin.

swallow (swoloow) Liqid. Siib. Lays dhaafsho. Hunguriga marka wax la gesho ee la dejiyo sida biyaha iyo cuntada.

abcdefghijklmnopqrstuvwxyz

swan (swon) Xuurta bada. Shimbir dheer, lugo dhaadheer oo bada khoorigeeda (dinaceeda) laga helo.

sweep (swiip) Fiiq. Xaaq. Nadiifinta dhulka la nadiifiyo ee la marsho xaaqin.

sweet (swiit) Macaan. Nacnac. Waxa macaan ee afka la gashado ee lo muud-muudsado.

sweet

swing (swing) Leexo. Qalabka laysku ruxo ee lagu leexaysto.

sword (soord) Seef. Qalab mindi dheer oo af badan u e'eg ee waayadii hore lagu dagaalami jiray.

Tt

table (teybal) Miis. Looxa balaadhan, afar lugood leh ee dushiisa wax lagu qorta/gabsado.

tablecloth (teybal-kloth) Maro-miis. marada miiska la kor saaro.

tadpole (tad poowl) Midho-xareedaad. Raha inta uu dhasha yahay ee weli weynaan.

tail (teyl) Dabo. Dib. Xoolaha iyo xaywaankaba meesha dabadooda ka laalaada ee qarna dheer tahay qaarna gaaban tahay.

tail

tailor (teyla) Dawaarlaha. harqaanlaha. Qofka makiinadda dharka ku tola ee lacag ka qaata dadka.

tale (teyl) Sheeko. Waxa marka laysu sheegayo ee laga hadalayo wax waa hore dhacay ee leh xiisaho ee dhegaysto.

talk (took) Hadal. Dhihida wax la dhaho ee micnaha leh.

tall (tool) Dherer. Jooga dheer. Waa marka qof ama wax leeyahay joog dheer oo aan gabnayn.

tank (tank) Dabaabad. Haan.
1 Hubka ah gaadhi qufulan oo hub culus rida.
2 Haan weyn oo biyo iyo wax la mid ah lagu shubto.

target (taar gat) Shiish. La eegasho. Xabadda ama wax meel lala eeganayo oo lala dhuganayo.

target

taste (teyst) Dhadhamo. Waa marka cunto carabka lagu tijaabiyo si loo ogaado in la jeclaan doono iyo in kale, cunis horteed.

taxi (taksii) Taksi. Gaadhi kiro. Baabuur yar oo lacag lala baxo marka uu meel ku geeyo.

tea (tii) Shaah. Caleenta biyaha lagu karkarsho, sonkorta iyo caanaha lagu daro ee la cabo.

teacher (tii cha) Bare. Macalin. Qofka wax aanad aqoon ku bara ee dugsiyada ka shaqeeya.

teapot (tii pot) Kidhli-shaah. Shayqa afka dhuuban ee hoos u forara, sidaha iyo furka leh ee shaaha lagu shubto ama lagu sameeyo.

tears (tiyaz) Oohin. Ilmo. Dhibcaha biyaha ah ee indhaha ka da'a marka la damqado ama wax kugu dhaco.

teeth (tiith) Ilko. Afka waxa ku taxan ee hilibka lagu cuno.

telephone (teli foown) Telifoon. Sheyga afka iyo dhegta la saaro lagu, wada hadlo marka lakala fogyahay.

telescope (teli skoowp) Diirad. Sheyga indhaha la saaro ee meel aad kaaga fog halkan dhaw kuu keenta ee meel dhow la moodo.

television (teli vishan) Talifishanka. Sanduuqa laga daawado wax ee ku tusa wax markaa dhacaya, wax waa hore dhacay isaga oo codkii iyo sawirkiiba wata sida filmka ama silimooga.

tell (tel) Sheeg. Dheh. Marka wax aad ogtahay aad sheegto oo ku tidhaahdo cid.

tent (tent) Taandho. Guriga la laalabi karo ee si hawl yar loola guurguuri karo sida ka reer badiyaha. Dalalaka qaarkood waa guryaha reer baadiyu ku nool yahay.

thermometer (tha momita) Heer kul sheeg. Termoomiitar. Xumad sheeg. Qalabka xumada sheegta ee lagu qaado marka dadku buko.

thick (*th*ik) Jiq ah. Adag.
1 Dhirtu marka ay isku badato ee aan la dhex mari karin.
2 Wax adag oo aan jilicsanayn.

thin (*th*in) Dhuuban. Xayays. Qof ama wax aan balaadhnayn oo jimidh yar.

think (*th*ink) Feker. Maskaxda marka laga shaqaysiiyo ee laysla hadlo.

thread (*th*red) Dun toliin. Miiqa dheer ee wax lagu tosho.

throat (*th*roowt) Hunguri. Dhuunta dadka ee cuntadu marto.

throw (*th*roow) Tuur. Lali. Wax gacanta kor looga tuuro oo kor u yar lala. Waa lalinta wax la laliyo.

thumb (*th*aam) Suul. Shanta farood ee gacanta ka ugu gaaban ee ugu buuran.

ticket (ti kit) Tigidh. Gobolka yar ee waraaqda adag ee lagu raaco gaadiidka ama lagu galo silimooyada.

tie (tay) Xidhid. Taayga qoorta.
1 Xidhida wax la xidho. Laba wax oo laysku gunto si aanay u kala furmin.

2 Gobol maro ah oo badi qoorta lagu xidho marka xaflad la tegayo.

tiger (tayga) Shabeel. Xaywaan khatar ah, boodo dheer, dabo dheer, bisada u e'eg oo dad cun ah.

tiger

time (taym) Waqti. Goor. Saacadda, maalinta, wiigga, bisha iyo sanadku intuba waa waqtiyo.

tin (tin) Qasacad. Yaanyada/ tamaandhada, kaluunka/malaayga intuba waxa ay ku jiraan qasaac. Waxa qasaaca laga sameeya naxaasta.

tiny (taynii) Dhifiliq. Yariis. Wax aad u yar.

tired (tayad) Daal. Noog. Hawl badan marka ay ku tamar yarayso.

toast (toowst) Rhoodhi dubban. Rhoodhi dab ku baxay oo dhinacyada ka casaatay.

toe (toow) Faraha lugaha midkood.

abcdefghijklmnopqrstuvwxyz

together (tu ge*tha*) Wadajir. marka alaab ama dad ay wada jiraan ee wax wada sameeyaan.

tomato (t*a*m*aa* toow) Tamaandho. Yaanyo. Waa khudrad qaab kubadeed leh, cas dhexdana iniiyo ugu jiraan.

tongue (t*aa*ng) Carrab. Afkeena cadka dhex yaal ee aan ku hadalo

tool (tuul) Qalab. Waa waxyaabaha inaga caawiya farsamada gacanta sida, qorista, gooynta iyo wax furid ama xidhid.

tooth (tuu*th*) Ilig. Afkeena aleelaha cadcad ee ku taxan midkood.

top (to*p*) Qalab ciyaareed. Korka.
1 Waa shay inta badan caruurtu ku ciyaarto kana kooban qorri buuran oo af dhuuban iyo dun adag oo lagu maro.
2 Meel sare.

tortoise (too*r* t*a*s) Diin. Xayawaan qolof adag leh oo guurguurta.

tortoise

towel (taw*a*l) Tuwaal. Shukumaan. Marada marka la maydho lasku qalajo.

tower (taw*a*) Qalcad. Waa dhisme dheer oo dhuuban.

town (tawn) Magaalo. meel tuulo ka wayn oo daaro dukaamo iyo dad badan leh.

toy (toy) Carruusad. Carruurtu waxyaabaha ay ku ciyaaraan sida baabuur yar-yar, carruusado, iwm.

tractor (trakt*a*) Cagaf-cagaf. Gaadidka beeraha laga fallo

tractor

traffic (trafik) Gaadiid badan. Waa gaadiid badan oo soconaya wadooyinka.

train (treyn) Tireeynka. Tababarka.
1 Gaadiidka isku xidhiidhsan ee aan shagaga ku socon ee xadiidks ku socda.
2 Wax barridda ama carbinta qof ama xayawaanka.

abcdefghijklmnopqrstuvwxyz

train

tramp (tramp) Socod dheer. Miskiin.
1 Socod dheer oo waqti badan oo is jiid ah lagu qaato.
2 Miskiin dawarsanaya oo hadba meel u kacaya.

transparent (Trans parant) Wax khafiif ah.
Wax khafiif awgii wax laga dhex arko.

transport (trans poort) Gaadiid.
Wax meel wax ka qaada oo meel kala geeya sida baabuurta, dayuuradaha iyo maraakiibta.

trap (trap) Qabasho. Dabin.
1 Qabashada wax la qabto.
2 Dabinka bahalaha lagu qabto.

travel (traval) Safar. Dhoof.
Waa marka meel laga tago ee meel kale loo kaco.

treasure (treza) Macdan. Wax qiimo badan sida luulka iyo dahabka.

tree (trii) Geed. Waxa jirida, laamaha waaweyn iyo caleenta badan leh ee hadhka weyn.

tremble (trembal) Qadhqadh. Kurbasho. Gargariir.
Waa marka korku kula dubaaxiyo, dhaxan, farxad ama baqo awgii.

tree

triangle (tray angal) Saddex gees leh. Qalab muusiko.
1 Qaabka ka samaysma saddex xariiqod oo toos ah oo is le'eg.
2 Qalabka miyuusiga ah ee qaabka saddex geeslaha leh.

triangle

tribe (trayb) Qabiil. Qolo. Daad uu hogaamiyo caaqil ama bogor.

abcdefghijklmnopqrstuvwxyz

trick (trik) Khiyaamo. Siyaasad.
Waa indho sarcaad ama kharfad
marka wax lagu hello ama
sameyo.

trip (trip) Boqool. Socdaal.
Turunturo. Tukhuntukho.
1 Tegid meel laga tago oo meel
kale la tago.
2 Lugta oo meel kuu sudhata oo
hore aad u tukhuntukhooto ama
duusho.

trouble (trabal) Rabsho.
Dhibaato.
Wax allaale wixii kiciya rabsho
ama hododaamo iyo qaxar.

trousers (trawzaz) Surwaal.
Sheyga dharka ah ee la gashado
lugaha ilaa dhexda inta u dhexaysa
hadaanu lugo gaab ahayn oo
bawdada ku e'egkayn.

trumpet (trampit) Dramal.
Buun.
Qalab muusikad ka mid ah oo la
afuufo.

trunk (trank) Jirid. Gacanka
maroodiga.
Geedka guntiisa adag ee laamahu
ka baxaan.

truth (truuth) Run. Dhab.
Wax aan been ku jirin ee run ah.

try (tray) Isku dayd.
Waa marka wax lagu dadaallo in
la sameyo ama uu suuro galo.

tube (tiyuub) Tuubo. Dhuun.
Waa qalabka sida dhuunta u
samaysan ee caag, sufur ama
dhalo laga sameyo.

tune (tiyuun) Codka muusiga.
Muusikada marka la garaaco
codka ka baxa.

tunnel (tanal) Hog.
Hog buur ama dhulka ka qodan
oo af laga gallo iyo mid laga baxo
leh.

turkey (terkii) Digrin.
Shimbir weyn oo badi waqtiga
iida Kristaanka la cuno.

turn (tern) Wareejin.
Wareejaysi. Kala wareejin.
Waa habka wax wareego, la'
kale wareejo ama meeshiisii hore
mooyee meel kale loo wareejo.

twin (twin) Mataan.
Labada carruur ah ee hooyo
mar wada dhasho midkood.

twist (twist) Maroojin. Wareeg.
1 Wax inta dhinac la qabto
dhinaca kalena la wareejo.
2 Qof ama wax dhankuu usoo
jeeday kasii jeestay oo iskala
wareejay.

abcdefghijklmnopqrstuvwxyz

tyre (taya) Taayir. Shaag. Lugta gaadhiga qaybta rabdhka wareeygsan ah.

Uu

ugly (*aagli*) Foolxumo. Wax aan qurrux lahayn.

umbrella (*aam* brela) Dalaayad. Shayga roobka ama qorraxda la isaga dhigo.

umbrella

unable (*aan* eybal) Karaan la'aan. Wax kugu adag in aad sameeyso.

uncomfortable (*aan kaamfa tabal*) Raaxo la'aan. Wax aan niyada laga jeclaysan ama raaxo la'hayn.

unconscious (*aankon shas*) Miyir la'aan. Suuxid. Suurid. Qofku marka uu miyir beelo ee isla maqanyahay.

underground (*aanda*-grawnd) Dhusun. Dhulka hoose ee tareenku maro.

undo (*aan* duu) Kala furid. Furida badhanada siibka ama wax guntan.

undress (*aan* dres) Dhar bixin. Dhar dhigasho. Marka dharka layska baxsho ee la bedelanayo.

uneven (*aan iivan*) Kala dheer dheer. Sinayn. Wax aan isku sinayn ama buuxin tiro ahaan ama samays ahaan toono.

unhappy (*aan hapii*) Farxad li'i. Murugo. Waa marka wax laga uur ama niyad xumaado.

uniform (yuuni foorm) Direeys. Lebis gaar ah. Dhar loo qaato shaqo ama meel gaar ah.

university (yuuni versitii) Jaamacad. Dugsiga tacliinta sare.

unkind (*aan* kaynd) Naxariis la'aan. Qalbi adayg. Waa qofku marka aanu waxba ka naxin ama u naxariisan.

unload (*aan* loowd) Ka dejin. Rar la'aan. Wax marka laga dejinayo wax uu saaraa ama ku rarnaa.

unlucky (aan laakii) Nasiib daro.

unpleasant (aan plezant) Karaahiyo. Nacbaysi.

unselfish (aan selfish) Qofka ka fekera dadka kale inta aanu naftiisa ka fekerin.

untidy (aan taydii) Baali. Basari. Is dhexdaadsanaan. Meel alaabadu aanay nidaamsanayn.

unusual (aanyuu zyuual) Wax aan caadi ahayn.

upset (aap set) Cadho. Wax la daadiyey.
1 Wax aanad yeelayan oo aad ka xuntay.
2 Wax qubtay.

urgent (er jant) Deg-deg. Wax si dhakhso badan loo qabto.

use (yuuz) Adeegsi. Isticmaal. Marka wax lagu qabsanayo wax.

useful (yuus ful) Faa' iido badan. Wax korodhsi badan.

useless (yuus las) Faa'iido daren. Qiimo la'aan. Wax aan wax soo kordhin ee an waxtar lahayn.

usual (yuuz yuual) Caadi. Wax aan sidiisii hora waxna ka dhicin waxna ku kordhin. Wax sidii hore u ahaa mar walba ah.

usually (yuuz yuualii) Sida caadiga ah. Inta badan.

Vv

valley (valii) Dooxo. Dhul buuro dhexdooda ah.

valuable (valya bal) Qiimo leh. Qaali ah. Wax aan rakhiis ahayn.

van (van) Gaadhi qafilan. Gaadhi aan dusha ka furnayn oo dadan.

vanish (vanish) Midhiq. Libidh. Wax si deg-deg ah u qarsooma. Il bidhiq wax mar qadha kugu dhaafa.

vase (vaaz) Dheri ubaxa. Shey qaab dheri leh oo ubaxa lagu riddo.

vegetable (veji tabal) Khudrada la kariyo sida baradhada, kaabashka iwm.

vehicle (veya kal) Gaadiid. Waxa eragu saameeya gaadidka ay ka mid yahiin basaska iyo fatooradaha, dadka iyo alaabadaba qaad-qaada.

vein (veyn) Xidid. Waa xidida dhiiga qaada ee yar-yar.

vest (vest) Garan. Sangalaydh. Shayga qaarka sare la gashado ee dharka laga hoos xidho. Dhididka ayuu dharka ka ceshaa dhulka kulaylaha, kan qaboobahana dhaxanta ayuu ka ceshaa.

victory (vik trii) Guul. Ku guulaysiga dagaal ama ciyaar iwm.

video (vidii oow) Fiidhiyoow. Makiinada cajaladaha lagu daawado ama duubto.

village (vi lij) Tuulo. Degmadda magaalada ka sii yar.

villain (vi lan) Budhcad. Shufti. Qof ama koox si ula kac ah wax u booba ama u waxyeeleeya cid kale.

vine (vayn) Geedka canabka. Waa geed aan badi keli is taagi karin, wax isku mara oo jirid jilicsan.

vinegar (vini ga) Khal. Dareere dhanaan oo saladhka (ansalaatada) lagu darsado.

violent (vay lant) Xoogahaan. Khatar dilaaWax si xoogleh u dhaca sida dabaysha, dhulgariirka iwm. Wax ama qof wax yeelo weyn geeysta.

violin (vayo lin) Kaman. Kamanka lagu adeegsado qorriga dheer ee xadhkihiisa kaga cisiiya.

visit (vizit) Booqasho. Meel loo ambabaxo ama loo dhoofo oo la siyaarto.

vitamin (vita min) Faaytamiin. Daawada jidhka nafaqada siisa.

vowel (va wal) Shaqal ka mid ah shaqalada sida a, e, i, o, u

voyage (voyij) Safar dheer. Safar dheer oo markab ama dayax gacmeed u baxay.

vulture

vulture (vaal cha) Gorgor coomaada. Dafe. Shimbir weeyn oo bakhtiga cunta, maqashana gurata (dafta).

Ww

waist (weyst) Dhexda. Jidka dadka meesha badhtamaha u ah ee inta kale ka yar. Badi ragu, haweenka wa ka dhex weeyn yahay.

wait (weyt) Sug. Meel marka waqti lagu qaato ee wax la filayo. Sugitaanka wax la sugo.

wake (weyk) Toos. marka hurdada laga tooso ama kaco.

walk (wook) Socod. Labada lugood marka marba mid lagu joogsada ee dhaqaaqo.

wall (wool) Derbi ama gidaar. Qolku waxuu ka samaysmaa afar derbi oo isku soo wareegsan

want (wont) Doonis ama rabid. Waxa aan la diidin ee la rabo ama ogolyahay.

war (woor) Dagaal. Dagaal dhexmara laba koodxood ama laba wadan oo iska soo horjeeda.

warm (woorm) Diirimaad. Qandac. Wax aan qaboow ahayn oo yar kulul.

wasp (wosp) Jinac dulaa. Cayayaanka duula ee sida shinida u qaniinyada kulul.

watch (woch) Saacad goorayso. Eegid.
1 Shayga gacanta lagu xidho ee waqtiga laga eegto.

2 Marka aad wax eegayso ama daawanayso.
3 Feejignaan ama ilaalo badni.

watch

water (woota) Biyo. Dareeraho cirka kas oo da'a ama dhulka lagala soo baxo ee wax lagu qabsado sida cabidda, maydhashada iwm.

wax (waks) Dhukey. Shamaca xaydhiisa.
1 Wasakhda dhegta laga soo guro.
2 Waxa uu ka samaysan yahay shamaca la shitaa ee sida xaydha ah.

weak (wiik) Daciif. Itaalyari. Taagdaraan. Marka la tamar beelo ee la itaal yaryahay.

weapon (wepan) Hub. Qalabka wax la iskaga celiyo marka lagu soo weeraro sida toorida ama waranka iwm.

wear (weer) Gashasho. Xidhasho. Lebis. Hu qaadasho. Gashanaanta dharka iyo kabaha. Falka wax gashadka.

abcdefghijklmnopqrstuvwxyz

weather (wetha) Hawo. Cimillo. Hawadu waxay isu bedbedeshaa kulayl, gabow ama roob baa da'a iwm.

week (wiik) Asbuuc ama Todobaad. Todobo malmood oo isku soo wareegay ayaa asbuucu ka koobmaa.

weep (wiip) Ilmada. Biyaha indhaha kaa yimaada marka aad murugonayso ama xanuunsanayso.

weigh (wey) Miisaamid. Qiyaasid. Waa miisaamida wax la miisaamo si loo ogaado culayskiisa ama fudaydkiisaba.

weight (weyt) Culayska. Miisaanka. Wa marka qiyaasta miisaanka wax la hayo sida misaanka qofka, qalabka iwm.

welcome (welkaam) Soo dhowayn. Qof ama dad gacmo furan lagu qabilo ama dhaweeyo.

well (wel) Ceel. Ladnaan. Wanaagsan.
1 God dheer oo biyo laga dhaansado ama batrool.
2 Wax si wanaagsan loo gabtay.

west (west) Galbeed. Jiho jihooyinka ka mid ah oo qoraxdu u dhaado.

wet (wet) Qoyaan. Wax aan qalalayn oo biyo ka da'ayo.

what (wot) Maxay? Maxaa? Wax is weeydiin. Su'aash wax la su'aalla ee jawaab la rabo.

whale (weyl) Nibiri. Kaluun weyn oo bada ku jira.

wheat (wiit) Sareen. Wax xabuubka daqiida laga sameeyo.

wheel

wheel (wiil) Taayir. Shaag. Lugaha baabuurta. Baabuurku afar shaag buu leeyahay.

well

90

abcdefghijklmnopqrstuvwxyz

where (weer) Halkee? Xagee? Meeshee? Is weeydinta meel ama wax.

which (wich) Kee? Kuma? Eray la isticmaalo marka laba wax ama laba qof la kela ogaanayo sid waa kee? ama waa kuma?

while (wayl) Intii. Wakhtigii. Markii. Sida intii aan maqnaa buu yimi.

whip (wip) Subitoor. Shaabuug. Qasid.
1 Qalab ul ah oo afka hore suun wax lagu garaaco ku leh.
2 Beedka (unkaata) marka inteeda cad dhakhso loo garaaco ee ay xumbayso.

whisper (wispa) Xanshashaq. Marka ay laba qof hoos u wada hadlaan si aan qof kale u maqlin.

whistle (wisal) Foodhi.
1 Codka marka afka la isku qabto ee la afuunfo neefta ka soo baxda.
2 Afoofka siidhiga ama firinbiga.

white (wayt) Cadaan. Midabka caanah oo kale ah.

wide (wayd) Balaadh. Wax aan balaciiso dhuubnayn.

wig (wig) Timo aan run ahaya. Timo gacantu ama makiinadi samaysay oo la xidho.

wild (wayld) Xayawaanka duur jooga ah. Kacsan.
1 Xayawaan aan rabaayad ahayn ama dhirta aan la beerin ee iskeed isaga baxda.
2 Badda marka aanay maraakiibta iyo doonyahu mari karin ee ay kor u kacaan biyasheedu iyo mark hawadu isu bedesho dabaylo badan.

willing (wiling) Rabitaan. Wax marka raali laga yahay.

win (win) Guul. Guulaysasho. Wax tartan loogalo marka la hello.

wind (wind ama waynd) Dabayl. Maroorin. Leexleex.
1 Hawada xooga leh ee siigeda kicisa.
2 Marka wax la marooriyo.
3 Jid aan toos ahayn.

window (win doow) Daaqad. Dariishad. Guryaha meesha albaabka yar u e'eg ee iftiinka iyo hawadu kasoo gasho.

wings (wingz) Baalal. Baalasha. Labada wax shimbirahu ku duulaan.

wink (wink) Il jebin. Il jebis. Labada indhood marka mid la isku qabto ee si qarsoodi ah wax la isugu sheegayo.

abcdefghijklmnopqrstuvwxyz

wings

winter (wint*a*) Xiliga jiilaalka. Waqtiga wax soo saarka dhirtu yaraato ee dhulka qaboobahana barafku ka dhaco.

wipe (way*p*) Masaxaad. Tirtir.

wire (way*a*r) Waayir. Silig.

wise (wayz) Caaqil. Qof caqli ku filan leh ama wax caqli ku fadhiya.

wish (wish) Rajo. Wax aan la hubin oo la rajaynayo.

wobble (wob*a*l) Liic-liicid. Marka aanu qofku qumaati u socon ee uu dheel dheeliyo. Wax kala socsocda, oo dubaaxiya.

wolf (wulf) Yeey. Bahalo dibada jooga oo ayda u e'eg oo kooxkoox isu raaca ama u wada socda.

woman (wum*a*n) Naag. haweenay. Qof dumar ah. Xaawalay.

wood (wud) Looxa. Al Waaxda. Kayn. Meel dhir badan oo jiq ah.

wool (wul) Dhogorta xoolaha ama bahalaha.

word (werd) Eray.

work (werk) Shaqo ama Meherad.

world (werld) Duni. Aduunyo.

worm (werm) Dirindiir. Dirxi.

wrinkles (rin k*a*lz) Jidh-duuduubmay.
1 Qofku marka uu gaboobo ee wejigu duubduubmo.
2 Warqada marka si xun la isugu laalaabo ee ay jectado.

write

write (rayt) Qorid. Qalinka marka xarfo lagu xarxariiqo.

worry (w*aa* rii) Welwel. Walbahaar. Marka aan niyadu kuu fadhiiyin ee wax ka baqsantay.

worship (wer ship) Caabudid. Aaminaada ilaah la aamino.

wrist (rist) Curcur. Gacanta meeshe saacada lagu xidho.

abcdefghijklmnopqrstuv**wxy**z

wrong (rong) Khalad. Gef.
Maqluub. Gurac.
1 Wax aansax ahayn.
2 Qof si xun kuu galay.
3 Dharka dhanka aan loo gashan
waxa la yidhaaho.

Xx

X-ray (eks-rey) Khashaafad.
Raajo. Makiinadda feedhaha,
sidriga iwm sawirta.

xylophone

xylophone (zayla foown) Qalab
muusikada ka mid ah. Nooca
sida biyaanaha u samaysan ee
lagu garaaca dubaha kaga
dhawaajiya.

Yy

yacht (yot) Dooni weeyn
oshiraac iyo matoor leh oo lagu
tartamo.

yard (yaard) Daarad. Jago. Waar.
1 Dhul derbi ku wareegsan
yahay oo shaqo lagu qabto.
2 Hab cabbiraad.

yarn (yaarn) Dun. Dunta
funaanadaha ama dharka lagu
tolo.

yawn (yoon) Hamaansi. Afka
marka la kala qaado ee neef laga
sii daayo.

year (yiir) Sanad. Sanadku waxuu
ka koobanahay 12 biilood.

yell (yel) Qaylo. Waxa sidan loo
qayshaa marka xanuun ama
farxad fara badan kugu dhaco.
Waa qaylo mar keli ah lagu
dhufto.

yesterday (yes tadey) Shalay.
Maalintii lasoo dhafay ee maanta
ka horeeysay.

yet (yet) Weli. Wax aan weli la
gaadhin.

yoghurt (yogat) Caano fadhi/
gadhoodh.

yolk (yoowk) Dhexda ukunta
ee hurdiga ah.

young (yaang) Da'yar. Qof aan
weeynayn ee cimri yar.

abcdefghijklmnopqrstuvwxyz
Zz

zebra (zebra ama ziibra)
Dameer Faraw/Dibadeed.

zebra

zero (ziirow) Eber. Wax ama
tiro aan jirin.

zig-zag (zig zag) Qalqalooc aan
toos ahayn. Wax marmaroora.

zip (zip) Siibka. Shinyeeriga.
Sheyga dharka laab furanta ah
laga xidho ee aan badhanada
ahayn. Waa bir ilko is galgala leh
oo is xidha.

zoo (zuu) Berta Xayawaanka.
Meesha xayawaanka loogu
daawashada   tago   ama
xanaaneeyo.

APPENDIX

SOMALI / ENGLISH

APPENDIX

Aa
Aabe: father
Aamus badan: quiet
Aamusan: silent
Aarad: lace
Aashito/Aasiidh: acid
Aay jiq ah: jungle
Abaalgud: prize
Abiteey: kite
Adag: difficult, hard
Adag: thick
Adeege': maid
Adeegsi: use
Adhi-jir: shepherd
Afar jibaar: square
Afka shimbiraha: beak
Afuufid: blow
Af-badan: sharp
Af-lagaado: abuse
Af: language, mouth
Akhris: read
Alaabo guri: furniture
Albaab: door
Alleelo: shell
Amaah: borrow
Amaan: praise
Amar: order
Ambalaas: ambulance
Aqal: house
Aqoonsi: recognition
Aqoon: know
Arag: see
Armaajo: cupboard
Aroor: morning
Asbuuc: week
Ashkatayn: accuse
Askari: soldier
Askar: army

Astaan: mark
Awoowe: grandfather
Ay dhacdo: happen
Ayeeyo: grandmother

Baabuur: lorry
Baadariyad: nun
Baadiye: country, countryside
Baalal: wings
Baaldi: bucket, pail
Baali: untidy
Baal: feather
Baal: page
Baaquli: bowl
Baarashud: parachute
Baasijar: passenger
Baaskeelad/Bushkuleeti:
  bicycle
Babis: fan
Bacadleh: open market, street
  market
Badan: many, much, plenty
Badda: sea
Badhan: button
Badhar: butter
Badhtame: centre, middle
Badmareen/Badmaax: sailor
Badweyn: ocean
Bakayle: rabbit
Balaadhan: flat
Balaadh: wide
BalanbaalisL: butterfly
Balanqaad: promise
Banaanbax: protest
Banaan: plain
Baqal: mule
Baqdin: afraid
Baqo: frightened, scared

Baqshad: parcel
Baradho: potato
Baraf Faraqyo leh: icicles
Baraf: ice, snow
Barasho: learn
Bare: teacher
Barkin: pillow
Barmiil: barrel
Baroosin: anchor
Barwaaqo soo: prosper
Basal: onion
Basari: untidy
Batalaqsi: paddle
Bax: go
Baylin: boil
Beed: egg
Beer Raaxo: park
Beeritaan: plant
Beerole: farmer
Beer: farm, garden
Beer: liver
Beerta Xayawaanka: zoo
Beesad: coin
Bidaar: bald
Bidix: left
Biin: pin, peg
Bilaa micne: nonsense
Bilaw: begin
Bilaydh: plate
Bilow: start
Bil: month
Bir lab: magnet, lead
Birbiric: shine
Bir: steel
Bisad yar: kitten
Bisad: cat
Bisil: ripe
Bislayn: cook, boil
Bixin: pay
Biyo: water
Bluug: blue

Boodid: jump
Bood-bood: skip
Boolo-boolo: duck
Boolo: stamp
Booqasho: visit
Boorso: bag, handbag
Booshari: see *grocer*
Booskaadh: postcard
Boosta: Post Office
Boqorada: queen
Boqor: king
Boyeesa: maid
Brush/Braash: brush
Budhcad-badeed: pirate
Budhcad: villain, bandit
Bunduq-madfac: cannon
Bunduq: gun
Buni: brown
Bun: coffee
Burbur roodhiyeed: crumb
Burcad dhanaan: cheese
Burus: hammer
Bur: flour
Bashqad: package
Buste: blanket
Buudh: boot
Buufin: balloon
Buug Xasuus Qor: diary
Buuga lagu qoro: notebook
Buug: book
Buul Shimbireed: nest
Buundo: bridge
Buuq: noise
Buur yar: hill
Buurnaan: fat
Buur: mountain
Buuxa: full
Buuxin: fill
Buyaane: piano

Caabudid: worship

Caadi: ordinary, usual
Caano fadhi: yoghurt
Caanoole: milkman
Caano: milk
Caaqil: wise
Caaro: spider
Caato: lean
Caawimo: help
Cabid: drink
Cabir: measure
Cabsi: frightened, afraid, scared
Cadaan: white
Cadadi: coin
Cadaw: enemy
Cadayn: prove
Cadho: anger, rage, heat
Cadho: upset, angry
Cad: meat
Cagaar: grass, green, lawn
Cagafcagaf: plough, tractor
Cagaha: feet
Cag: foot
Cajiin: paste
Calaacal: palm
Calaamad: mark, scar
Calal: rag
Calan: flag
Caleen cagaaran: see *lettuce*
Caleen: leaf
Camuud: sand
Canab: grape
Cananas: pineapple
Canbaruud: pear
Canbuur: dress
Candhuufo: spit
Canjeelo qalaad: pancake
Canqow: ankle
Carar: run
Cariish: hut
Carrab: tongue
Carro: earth

Carsaanyo: snail
Carruur: children
Carruusad: toy, see also *doll*
Carwo dad: circus
Carwo: fair
Casri: modern
Casuusi: pink
Cas: red
Caws qalalan: hay
Caws: straw
Cayayaan: insect, beetle
Cayn: forest
Ceedhiin: raw
Ceel: well
Ceeryaan: fog
Cidhib: heel
Cidhiidhi: narrow
Cidi fardood ama xayawaan: hoof
Cidiyo: paw
Cidi: nail
Ciidan: army
Ciid: sand
Cimillo: weather
Cinjir: rubber
Cinwaan: address
Cirka: sky
Ciyaala Suuq: rascal
Ciyaaryahan xirfad leh: acrobat
Ciyaar: dance, play match
Cod: sound, voice
Cod dheer: loud
Cod muusiko: note
Codka boolo-boolada: quack
Codsi: order
Culays: weight
Culus: heavy
Cunid: eat
Cuntays: feed
Cunug: baby, child

Curcur: wrist
Cusbataal: hospital
Cusbo: salt
Cusub: new

Daabacaad: print
Daahid: late
Daahsan: cover
Daah: curtain
Daal: tired
Daaqad: window
Daarad: yard
Daar: building
Daawaadayaal: audience
Daawo: medicine
Daayeer/Daanyer: monkey, see also *chimpanzee*
Daayeer: monkey, ape
Daa'uus: peacock
Dab Demis: fire-engine
Dabaabad: tank
Dabagaale: squirrel
Dabayl: wind
Daba-case: carrot
Dabeecad: manners
Dabiici: nature
Dabo socod: follow
Dabool: cover, lid
Dabo: tail
Dab: fire
Dacas: slipper
Daciif: weak
Dacsad makiinadeed: pedal
Dacweeyn: accuse
Dad: people
Dagaal: fight, battle, war
Dal qalaad: abroad
Dalaayad: umbrella
Dalool: hole
Dal: country
Dambiil: basket

Dameer faraw: zebra
Dameer: donkey
Damqasho: hurt
Daqiiq: flour, powder
Darajo: rank
Dareere: liquid
Dariiq: street
Dariishad: window
Daruur: cloud
Dawaarlaha: tailor
Dawaco: fox
Dawan: bell
Dayax: moon
Dayuurad: aeroplane
Da' weyn: old
Da'yar: young
Da': age
Debecsan: lose
Deero: deer
Degan: live
Degid: sink
Deg-deg: urgent
Derbi: wall
Dermo: mat
Dhaafid: pass
Dhaban: cheek
Dhabcaal: mean
Dhabo: lane
Dhabta: lap
Dhab: real
Dhadhaab: rock
Dhadhamo: taste
Dhagax: stone
Dhakhso badan: rapid
Dhakhso: fast
Dhakhso: quick
Dhakhtarka Ilkaha: dentist
Dhakhtar: doctor
Dhalaal: melt
Dhalaal: shine
Dhalin: cause

Dhalo: glass, bottle
Dhamaad: end
Dhamays: finish
Dhanaan: sour
Dhaqaajin: drive
Dhaqaaji: move
Dhar bixin, Dhar dhigasho: undress
Dharka: clothes
Dhar: cloth
Dhawrid: protect
Dhaw: near
Dhaxan: cold
Dhedo: frost
Dheel: dance
Dheeman: diamond
Dheer: long
Dhef: ear
Dheg weel: handle
Dhegayso: listen
Dheh: tell
Dherer: height, length
Dherer:tall
Dheri ubaxa: vase
Dheri: pot
Dhexda ukunta: yolk
Dhexda: middle, waist
Dhib yar: easy
Dhicid: drop, fall
Dhifiliq; tiny
Dhif: rare
Dhilawyahan: ivy
Dhimasho: dead
Dhinac: page
Dhir isku cufan: hedge
Dhir: plant
Dhogor: fur, wool
Dhoobo: clay for making pots
Dhucay yaray: pint
Dhugasho: peep
Dhukey: wax

Dhukubis: peck
Dhul bannaan: field
Dhulka: floor, ground
Dhul: country, land
Dhunkasho: kiss
Dhusun: underground
Dhuuban: thin
Dhuumasho: hide
Dhuun: pipe
Dibno: lips
Dibqalooc: scorpion
Dib: tail
Digaag: chicken, hen
Digir: bean, pea
Digsi: pan, saucepan
Diidmo: refuse
Diin: tortoise
Diirad: telescope
Diirid: peel
Diirimaad: warm
Dilid: murder
Direeys: uniform
Dirindiir: caterpillar, worm
Diris: send
Diyaar: ready
Dood: quarrel
Doofaar: pig
Doog: grass, lawn
Dooli: mouse, rat
Doolshe: cake
Dooni yar: canoe, small boat
Doonis: want
Dooni: boat, yatch
Dooro waraabe: mushroom
Dooro: chicken, hen
Dooxo: valley
Doqon: silly
Dube: baker
Dubbe: hammer
Dubka: skin
Dubniin: bake

Ducaysi: pray
Duco: prayer
Dugsi: school
Duhur: midday
Dukaan: shop
Dukhsi: fly
Dun toliin: thread
Duni: world
Dun: yarn
Duray: a cold
Durbaan: drum
Durdur: stream
Duuliye: pilot

Eber: zero
Edeb daro: naughty, rude
Eedayn: accuse
Eedo: aunt
Eegid: look, watch
Eey: dog
Engeg: dry
Eray: word
Eryasho: chase

Faag: dig
Faaytamiin: vitamin
Faa' iido daren: useless
Faa' iido: useful
Fadhiisi: sit
Fadlan: please
Fahmid: know
Falaadh: arrow
Faqiir: poor
Faraha lugaha: toe
Faras yar: pony
Faras: horse
Fargal: ring
Fargeeti: fork
Fariin: message
Farshaxanyahan: artist.
Farsuug: peach

Farxad li'i: unhappy
Farxad: exciting, happy
Far: finger
Fasal: classroom
Fasax: holiday
Fatoorad: car
Faynuus: lamp
Feedhyahan: boxer
Feero: iron
Feker: think
Fiidhiyoow: video
Fiidmeer: bat (mammal)
Fiid: evening
Fiiqa sare ee buuraha: peak
Fiiqan: pointed
Fiiq: sweep
Filfil: pepper
Filim: film
Fog: far, long
Fooda: forehead
Foodhi: whistle
Foolxumo: ugly
Foormaajo: cheese
Foorno: oven
Foosto: barrel
Footari: marble
Fritijeer: refrigerator
Furaash: matress
Furan: open
Fure: key

Gaaban: short
Gaabis: slow
Gaadhi Faras: cart
Gaadhi kiro: taxi
Gaadhi qafilan: van
Gaadhi: lorry
Gaadiid badan: traffic
Gaadiid caafimaadka: ambulance
Gaadiidka Hawada: spaceship

Gaadiidka weyn: bus, lorry, truck
Gaadiid: vehicle
Gaar ah: private
Gaardis: march
Gabadha: daughter
Gabay: poem
Gabogabo: finish
Gacanta shaadka: sleeve
Gacan: arm, hand
Gacmo-gelis: glove
Gadasho: buy
Gadhka/Garka: chin, beard
Gadid: sell
Gal Waraaqeed: envelope
Galabnimo: afternoon
Galbeed: west
Galuus: button
Gambadh: stool
Gambo: penny
Ganjeello: gate
Garaacid: knock, hit
Garaaro: curly
Garab: shoulder
Garan: vest
Garasho: know, realize
Garfeedh: comb
Gargaar: help
Garoon dayuuradeed: airport
Garsoorayaal: jury
Garsoore: judge, referee
Gashasho: wear
Gebogebo: end
Gedef: mask
Geedka canabka: vine
Geedka timirta: date palm
Geed-cuf: bush
Geel: camel
Geerash: garage
Geesi: brave
Gees: horn

Geftin: edge
Gef: mistake, wrong
Geri: giraffe
Ghaadi: car, see also *carriage*
Gidaar: wall
Giraangir: hoop
Gobol: region
God bahal: den
Godan: curve
God: cave, hole, pit
Goob xafladeed: reception
Goobaabin: circle
Goob: place
Goodi shelesh: lace
Goolad baabuur: roundabout
Gool: goal
Goomo: rubber
Goor Hore: early
Gooyn: cut
Gorayo: ostrich
Gorgor coomaada: vulture
Go': sheet
Gubasho: burn, fire
Gudbid: cross, across
Guduud: red
Guluub: bulb
Guntin: fasten, join, knot
Gurac: wrong
Guri boqortooyo: palace
Guri-cariish: cottage
Guri: home, house
Guul: victory, win
Guumays: owl
Guuris: copy
Guursado: marry

Haan: tank
Habaryar: aunt
Habeen: evening, night
Habsaan: late
Hadal yar: quiet

Hadal: talk
Haddiyad: present
Hagaajin: fix, mend
Hakin: hold
Hal saacad ah: hour
Halis: dangerous
Halkee: where
Hamaansi: yawn
Handaraab: knob
Hangool: hook
Harag: skin
Harimacad: leopard
Haro: pond
Harqaanlaha: tailor
Harro: lake
Hawada sare: space
Haweenay: woman
Hawlan: busy
Hawl: job, work
Hawo: air, weather
Hayn: hold
Heer kul sheeg: thermometer
Heer: rank
Hees: song
Heese: sing
Helid: find, receive
Helikobtar: helicopter
Hilib Idaad: mutton
Hilibleh: butcher
Hilib: meat
Hinjin: lift
Hogaamin: lead
Holac: flame
Hooseeya: low
Hooyo: mother
Hooysiin: accommodate
Hooy: home
Hordhac: preface
Horeeye: first
Horjeed: opposite
Horumar: progress

Hubaal: sure
Hubin: prove
Hub: weapon
Hunguri: throat
Huuris: roast

Ido: sheep
Iftiin: bright
Iibin: sell
Iibsasho: buy
Iida Kristaanka: Christmas
Ikhlaaq: manners
Il jebin/Il jebis: wink
Ilaahay: God
Ilaalid: protect
Ilig: tooth
Ilka-cadayn: smile
Ilko: teeth
Ilmada: weep
Ilmo: baby, child
Ilmo: cry, tears
Il-biyood: fountain
Il: eye
Imaatin: arrive
Iminka: just, just now, now
In yar: few
Ina Boqor: prince, princess
Inan(ka): son
Inan(ta): daughter
Ina-adeer: cousin
Iniinyo: seed
Intii: while
Irbad: needle
Irid: door, gate
Is qurxis: model
Is shareer: leap
Isgal: joint
Iska dhaaf: skip
Iska yeelyeel: pretend
Isku dhex tuur: plunge
Isku dhufasho: multiply

Isku micne: mean
Isku mid: same
Isku siman: smooth
Isku xidhid: join
Iskudar: add
Isla weyni wacan: pride
Isrogrog: roll
Istaag: stand
Istaayshanka: station
Isticmaal: use
Isugeyn: add
Isu'eg: same
Itaalyari: weak

Jaako: coat, jacket
Jaamacad: university
Jaam: jam
Jaarka: neighbour
Jaban: cheap
Jab: piece
Jacayl: love
Jadeeco: measles
Jago: yard, plot
Jalaato: ice-cream
Janbal: slipper
Jaranjar: stairs, ladder
Jariidad: newspaper, journal,
  magazine
Jawaab: answer
Jeeb: pocket
Jeer: hippopotamus
Jeeso: chalk
Jidhka: body
Jid: road
Jiirar: mice
Jiir: mouse, rat
Jiko: kitchen
Jilaal: winter
Jilbo joogsi: kneel
Jilib: knee
Jilicsan: easy, soft

Jinac dulaa: wasp
Jokolaato: chocolate
Joodari: mattress
Joog dheer: height
Joogid: present
Joogso: stop
Joog: stay
Joojiyo: prevent
Jugayn: knock

Ka badan: more
Ka dare: reckless
Ka dejin: unload
Ka helid: enjoy
Kaabash: cabbage
Kaaradh/Karoote: carrot
Kaatun: ring
Kaawiyad: iron
Kabadh-buugaageed: book-
  case
Kabadh: cupboard
Kabaha: shoe, boot
Kabasho: sip
Kabo Tolle: cobbler
Kabriid: match
Kab: shoe
Kafeey: coffee
Kaftan: joke
Kala dheer dheer: uneven
Kala Duwan: different
Kala furid: undo
Kala jiid: stretch
Kaladh: collar
Kala-dheer: rough
Kale: other
Kalkaaliye: nurse
Kaluumayste: fisherman
Kaluun: fish
Kaman: guitar, violin
Kamarad: camera
Karaahiyo: unpleasant

Karaan la'aan: unable
Karin: cook, boil
Kaydin: preserve
Kayn: forest
Kedis: quiz
Keeg: cake
Keen: bring, fetch
Kee: which
Keli: alone, single
Khad: ink
Khajilaad: shy
Khalad: mistake, wrong
Khal: vinegar
Khariidad: map
Khashaafad: x-ray
Khatar: dangerous
Khiyaano: cheat
Khudrad: fruit, vegetable
Khuuro: snore
Kicid: awake
Kidhli-shaah: teapot
Kiish lacageed: purse
Kiish: sack
Kildhi: kettle
Kiniin: medicine, quinine
Kolay: basket
Koob: cup, mug
Koodh: coat, jacket
Koofiyad: cap, hat
Kor: top, up
Kor saar: pile
Kor u bood: leap
Kor u kor: climb
Koreeya: high
Koritaan: grow
Korka: body
Koronto: electricity, current
Kowaad: first
Ku nool: live
Kubada cagta: football
Kubad: ball

Kuberto: bedcover
Kugta: crown
Kulanti: meet
Kulul: hot
Kul: heat
Kuma: which
Kurdad dheer: robe
Kursi dheer: couch, sofa
Kursi: chair, seat, armchair
Kurtin: log
Kushiin: kitchen
Kuul: bead(s)
Kuumi: penny

La aqbalay: accept
La cadaadsho: press
La daneeyo: mind
La dhimo: reduce
La diyaariyo: prepare
La fallo: act
La fuulo/qoro: ride
La gaadho: reach
La hadlo: speak
La helo: recover
La maleeyo: imaginary
La qorsheeyo: reform
La ridqo: mince
La sameeyo: act
La shiido: mince
La socda: accompany
La soo jeediyo: propose
La soo qabto: reach
La wacdiyo: preach
Laabato: joint
Laabis: pencil
Laablaab: fold
Laadka: kick
Laalaad: hang
Laambad: lamp, candle
Laanta: branch
Labanlaab: double**

Labisasho: dress
Labo dhexaad: space
Lacag: money
Ladnaan: well
Laf: bone
Laga bogsado: recover
Laga dhawrsado: refrain
Laga jeclaysto: prefer
Lagu waansho: recommend
Lahaansho: property
Lahjad: accent
Lalida cirka: fly
Lama Degaan: desert
Laws: nut, peanut
Layska ilaaliyo: refrain
Leben: brick
Leefleef: lap
Leef: lick
Leexleex: wind
Leexo: swing, see-saw
Libaax-badeed: shark
Libaax: lion
Libidh: disappear, vanish
Lid: opposite
Liic-liicid: wobble
Liin macaan: orange, grapefruit
Liin miiran: lemonade
Liin: lemon
Liis: list
Lingax bireed: nut (metal)
Liqid: swallow
Looxa: wood
Loox: bat (wooden), board
Lug: leg
Lumid: lose
Luqun: neck
Luuq: lane

Maalintaad dhalatay: birthday
Maalin: day
Maamule: principal

Maarso: March
Maas: leather
Macaan: sweet
Macaash: profit
Macalimada dugsiga: mistress
Macalin: teacher
Macdaar weyn: supermarket
Macquul ah: reasonable
Macrufo: acquaintance
Madax furasho: ransom
Madaxa: head
Madbakh: kitchen
Madhan : empty, space
Madiibad: bowl
Madow: dark, black
Mafiiq: broom
Magaalo: city, town
Magac: name
Majaajileeye: clown
Majarafad: shovel, spade
Makiinad: engine, machine
Maktabad: library
Malaay: fish
Malaa'ig: angel
Malab: honey
Malaha: perhaps
Malee: guess
Malmalaato: jam
Malqacad: spoon
Mandiil: razor
Maqaar: skin
Maqan: absent
Maqas: scissors
Maqlid: hear
Maraakiib: navy
Marawaxad: fan
Markabka quusa: submarine
Markab: ship
Maroodi: elephant
Maroorin: wind
Maro-miis: tablecloth

Maro: cloth, material
Marwo: lady
Masar: scarf, handkerchief
Masax: rub
Mashquul: busy
Maskax: mind
Mastarad: ruler
Mas: snake
Matoor: engine
Maxaa/Maxay: what
Meel: place
Meeshee: where
Meherad: work
Mici: sting
Micno-dari: rubbish
Midab casuus: orange
Midab: colour
Midhiq: vanish
Midho-cas: cherry
Midho-madow: blackberry
Midho-xareedaad: tadpole
Midig: right
Miinshaar: saw
Miis dukaan: counter
Miisaamid: weigh
Miisaan: scales, weight
Miis: desk, table
Milix: salt
Mindi: knife
Miridh: minute
Misig: hip
Miskiin: poor
Miyir la'aan: unconscious
Moofo: oven
Mooto: scooter
Mucda: plot
Muftaax: key
Muhim: main, principle
Mukulaal: cat
Muraayad: mirror
Muran: quarrel

Muriyad: necklace
Murugo: sad, unhappy
Muruq: muscle
Mushahar: pay
Mushkilad: problem
Musmaar: nail
Musqul: lavatory
Muusiko: music
Muus/Moos: banana
Muxibo: admire

Naadir: rare
Naag: woman
Nabad gelyo: safe, peace
Nabar: scar
Nacas: silly
Nacbaysi: unpleasant
Nacnac: sweet
Nadiif: clean
Najaar: carpenter
Nal: light
Naqil: copy
Naqshad: pattern, model
Nasasho: rest
Nasiib daro: unlucky.
Naxariis la'aan: unkind
Naxariis: kind
Nayloon: nylon
Nayl: lamb
Neefi: blow
Neefsasho: breathe
Nibiri: whale
Nidaam: neat
Niman: men
Nin: man
Noobiyad: lighthouse
Noog: tired
Nool: alive

Ollol: flame
Oohin: cry, tears

Orod: run

Qaadid: lift
Qaado: spoon
Qaamuus: dictionary
Qaanso: rainbow
Qab dhaaf: proud
Qabasho: make
Qaboow dhaaf: freeze
Qaboow: cold
Qabo: catch, hold
Qadaadiic: penny
Qadhabi: buckle
Qadh-qadhyo: shiver
Qado: lunch, dinner
Qafas: cage
Qalab ciyaareed: top
Qalabka muusiga: instrument
Qalab: tool
Qalayl: dry
Qalcad: castle, fort
Qalin khad: pen
Qalin: pen
Qalooca: curve
Qalqalooc: zigzag
Qandac: warm
Qandi: bag, handbag
Qaniinyo: bite
Qanjiidho/Qanjaruufo: pinch
Qanjo barar: mumps
Qardaas: cardboard
Qasabadda: sink
Qasab: straw
Qasacad: tin
Qashin: litter, refuse, rubbish
Qasid: whip
Qass: mess
Qas: mix
Qaybsasho: share
Qaylo: noise, shout, yell
Qiimo leh: valuable

Qiimo/Qaayo: precious, price, quality
Qiiq sii daaye: chimney
Qiiq: smoke
Qirid: admit
Qiyaas dhuleed: acre
Qiyaasid: weigh
Qod: dig
Qof: person
Qol dhusin (hoose): cellar
Qol hurdo: bedroom
Qolka qubaysiga: bathroom
Qolof: shell
Qol: room
Qooley: pigeon
Qooqab: crab
Qoor: neck
Qoosh: mix
Qorax dhac: sunset
Qorax soo bax: dawn, sunrise
Qorax: sun
Qorid: write
Qori: gun
Qoroto: lizard
Qosol: laugh
Qoto dheerdheer: deep
Qoxooti: refugee
Qoyaan: wet
Qoys: family
Qudhaanjo: ant
Quduuc: mean
Quful: lock
Qumbe: coconut
Quraac: breakfast
Quraanka: Koran
Quraarad: bottle, glass
Quruurux: pebble
Qurux badan: beautiful
Qurux: pretty
Qurxin: decorate
Quwad: strong

Raadi: seek
Raadyatoore: radiator
Raajo: x-ray
Raaxo la'aan: uncomfortable
Rabid: want
Rabitaan: willing
Rablo: plait
Rafka: shelf
Raga: men
Ragcad: patch
Rah: frog
Rajistar: register
Rajo: wish
Rakaab: passenger
Raqiis: cheap
Rar la'aan: unload
Rasaas: bullet
Rash qarxin: firework
Rasiidh: receipt
Reer: family
Rhoodhi dubban: toast
Rid: drop
Rifid: plug
Riixo: press
Riix: push
Rikoodh: record
Rinji: paint
Riwaayad: play
Ri: goat
Roob: rain
Roodhi/Rooti: bread
Roog: carpet
Rubuc: quarter
Rumaysi: realize
Run: real, true, actual
Ruxruxid: shake

Saabka Jidhka: skeleton
Saabuun: soap
Saacaada: time

Saacad weyn: clock
Saacad: watch
Saafi: plain
Saani: straight
Saaxiib: friend
Sabab: reason
Sabuurad: blackboard
Sac: cow
Safar: journey, voyage
Safaysan: refine
Saf: line, queue
Sahlan: easy
Salaad: prayer
Salaan: ladder, stairs
Salbuko: pea
Saldhig: station
Saliid: oil
Sali: mat
Samada: sky
Samayn: fix, make
Sanad: year
Sanbab: lung
Sanduuq-waraaqeed: pillarbox
Sanduuq: box
Sanqad: sound
San: nose
Saqaf: roof, ceiling
Sareen: wheat
Sareeya: high
Sareeye Guuto: captain
Sariir carruureed: cot, cradle
Sariir: bed
Sawir jini-jini: cartoon
Sawir qosol: comic, cartoon
Sawir: photograph, picture
Saxan: plate
Sax: right, correct
Saynis yaqaan: scientist
Sayruukh: rocket
Seebka: paddle
Seef: sword

Seegid: miss
Seesar: saucer
Seexasho: asleep
Shaabuug: whip
Shaag: wheel, tyre
Shaah: tea
Shalay: yesterday
Shamaca xaydhiisa: wax
Shamac: candle
Shandad: handbag
Shaneemo: film
Shanlo: comb
Shaqaale cunteed: a cook
Shaqal: vowel
Shaqo: job, work, profession
Sharaabaad: sock
Sharaabad xuub: stocking
Sharaxid: decorate
Sharci: law
Shebeg: net
Sheeg: tell
Sheeko: story, tale
Shey: material
Shidan: lit
Shiine: China
Shiishid: aim
Shiish: target
Shil: accident
Shimbir: bird
Shini: bee
Shinyeeriga: zip
Shubid: pour
Shufti: villain, bandit
Shukumaan: towel
Shumis: kiss
Shuuliyo: bracelet
Sibiibixad: slide
Sibiibix: smooth
Sida caadiga ah: usually
Sigar cabid: smoke
Siibasho: slip

Siib: zip
Siideyn: lose
Siin: pay
Silig: wire
Silsiladda: necklace
Silsilad: chain
Sir: secret
Sixir: magic
Sixniga-qubaysiga: bath
Sixni/Saxan: dish
Siyaado: abundance
Socod: walk
Soco: go
Sonkor: sugar
Soo dhowayn: welcome
Soo jeed: awake
Soofe: couch, sofa
Subag: butter
Subax: morning
Subitoor: whip
Sudh: hang
Sug: wait
Sumaad: name
Sumad: mark
Surwaal gaaban: shorts
Surwaal: trousers
Suugaan: literature
Suul: thumb
Suuni: eyebrow
Suun: belt
Suuq: market
Suuxid: unconscious
Suxul: elbow
Su'aal: question

Taag: hill
Taajir: rich
Taaj: crown
Taandho: tent
Taayir: wheel
Tabaashiir: chalk

Tag: go
Taksi: taxi
Talaabo: step
Talifishan: television
Tamaandho: tomato
Tantoom: fist
Taraq: match
Tartan: race
Tayo: quality
Teendho/Tanbuug: camp
Tegid: leave
Telifoon: telephone
Tidic: plait
Tigidh: ticket, stamp
Tiirsi: lean
Tiir: pillar
Timo aan run ahaya: wig
Timo: hair
Tiraynka: railway
Tiro: number, quantity
Tirtir: rub, wipe
Tixraac: refer
Todobaad: week
Tolid funaanadeed: see knit
Tolid: mend, sew
Toob: robe
Toogasho: shoot
Toori: dagger
Toos: wake
Tufaax: apple
Tukasho: prayer
Tun: hit
Tusid: show
Tuug: burglar, thief
Tuulo: village
Tuur: throw
Tuwaal: towel

Ubax: flower, see also under
flower names, e.g. *daisy, daffodil, buttercup*

Ugu wacan: cause
Ujeeddo: aim
Ukun: egg
Ul: stick
Urta: smell
Uskag: dirty
Uur: pregnant

Waalid: parent
Waayo: miss
Wadajir: together
Wadan: country, land
Waddo: lane
Wadid: drive
Wadne: heart
Wado-cageed: pavement
Wakhtigii: while
Walaal: brother
Walaaq: mix
Walaasha: sister
Wala: really
Wanaagsan: nice, good, well
Wanka: ram
Waqti dhaw: recent
Waqti fiican: fun, good time
Waqti: time
Waraaqo qoraal: mail
Waraaq: paper
Waran: spear
Wareegsan: round
Wargeeys: magazine
Warqad gaaban: note
Warqad: letter
War-side: newspaper
War: lake
War: news
Wasaaqyo: ear-ring
Wasdaad: builder
Wax weyn: big
Wax yar: piece
Waxayga: mine

Webi: river
Weji: face
Weli: yet, still
Welwel: worry
Weydiin: ask
Weyn: large
Wiil: boy
Wiish: lift
Wiqiyad: ounce
Wisikh: dirty
Wiyil: rhinoceros

Xaafad: quarter
Xaaqin: broom
Xaaq: sweep
Xabad: bullet
Xabag: glue, paste, stick
Xabsi: prison
Xabuub: grain
Xadhiga: line
Xadhig: rope, string
Xadiidka: railway
Xadiid: iron
Xafidid: preserve
Xaflad: party, reception
Xagal: angle, see also *corner*
Xagee: where
Xamaal: porter
Xamuul: load
Xanaaq: anger, rage
Xanshashaq: whisper
Xanuun: ache, pain
Xaqiijin: prove
Xaqiiqa: actual
Xaq: just

Xarafaha: alphabet
Xaraf: letter
Xariif: clever
Xasuus: recollect
Xatabad: step
Xayawaanka duur jooga ah: wild
Xayawaan: animal
Xayeesi: lean
Xayawaan guri joog ah: pet
Xeebta badda: bay, beach
Xeer: law
Xeeydaan: fence
Xidhid: fasten, tie
Xidhiid: order
Xidh: shut
Xidid: root, vein
Xidig: star
Xiiran: shave
Xisaab: account
Xisbi: party
Xishood: shy
Xoogahaan: violent
Xoog: strong
Xoolo: animal
Xool: cot
Xufrad: pit
Xumad sheeg: thermometer
Xun: bad, nasty

Yaab leh: marvellous
Yaanyo: tomato
Yariis: tiny
Yar: little, small
Yeey: wolf

VOCABULARY SUPPLEMENTS

The word tables on these pages can be helpful to you in different situations.

The following Somali letters are pronounced approximately as shown:

c = a, x = h, dh = d, kh = k.

There is no 'p' in Somali, and Somali speakers might tend to replace this English sound with 'b'; there is also no 'x', and the letter 's' is used instead.

ADJECTIVES	
cold	qabow
fat	buuuran
happy	faraxsan
heavy	culus
hot	kulayl
large	qaro weyn
light	liimi
long	dheer
sad	murugo
short	gaaban
strong	xoogweyn
thin	dhuuban
weak	daciif ah
wide	balaadhan
young	da' yar

LISTEN AND DO

Be quite	aamus
Close/Shut the door	albaabka xidh
Do it again	ku noqo
Don't push	ha riixin
Open the door	albaabka fur
Quiet reading (time)	Waqtiga hoos u akhriska
Read	akhri
Sit down	fadhiiso
Spelling (time)	Waqtigii higaayada
Stand up	istaag
Write	qor

COLOURS

black	madaw
blue	bluug
brown	buni
green	dooge/akhdar/cagaar
grey	danbasi
orange	liimi
pink	basali
purple	soosani
red	casaan
white	cadaan
yellow	huruud

FRUIT AND VEGETABLES

apple	tufaax
banana	muus
beans	digir
cabbage	kaabash
carrot	dabacase
cauliflower	
cherry	
grape	canab
grapefruit	bombelmo/liinweyn
guava	seytuun
mango	cambe laf
maize/corn	gelay/arabikhi
mushroom	barkin waraabe
onion	basal
orange	liin macan
papaya/pawpaw	babaay/cambe
pear	canbaruud
peas	digir/piseyle
pineapple	cananis
potato	bataati
water melon	xabxab

IN SCHOOL

Classroom(s)	Fasal (ada)
Head Teacher	Madax Dugsiga /Maamulaha
Head Teacher's Office	Xafiiska Maamulaha
Library	Kaydka buugaagta
Parents	Waalidka
Secretary's Office	Xafiiska Xoghaynta
Staff Room	Xafiiska Shaqaalaha.
Teacher	Bare/Macaalin
Teachers	Barayaal
Toilet	Musqul, Baytalmay

Come here	Kaalay
Do you like it?	Ma jeceshahay?
	Ma ka heshay?
Good	Wanaagsan
Good Eveniing	Galab wanaagsan
Good Morning	Aroor wanaagsan
	Subax wanagsan
How are You?	Iska waran? Sideed tahay?
How old are you?	Immisa jir baad tahay?
Please	Fadlan
Thank You	Mahadsanid
Welcome	Soo dhawaada
What is your name?	Magacaa

ACTION WORDS

biting	qaniinaya
blowing	afuufaya
clapping	sacabinaya
cooking	karinaya
crying	ooyaya, booyaya
cutting	goonaya
digging	qodaya
drawing	sawiraya
eating	cunaya
flying	duulaya
hopping	hangoolaysanaya
jumping	boodaya
laughing	qoslaya
mending	tolaya
opening	furaya
paddling	seebaya
painting	rinjiyeeynaya
playing	ciyaaraya
reading	akhriyaya
running	ordaya
shopping	(wax soo) gadanaya
shouting	qaylinaya
singing	heesaya

sitting	fadhiya
skipping	bood boodaya
sleeping	seexanaya
sliding	sibiibixanaya
standing	taagan
swimming	dabaalanaya
talking	hadlaya
walking	soconaya
washing	maydhaya
waving	haqdinaya
working	shaqaynaya
writing	qoraya

FAMILY

Brother	Walaal (ka)
Cousin	Ina adeerka/adeerta
Family	Qoys, Reerka.
Father	Aabbe
Grandfather	Awoowe
Grandmother	Ayeeyo, Macooyo, Abooto.
Mother	Hooyo
Niece	Ina abtiga/habar wadaagta
Nephew	Seedi/habar wadaaga
Sister	Walaal (łsha)
Uncle	Adeer, Abti.

T

TIME

```
60 seconds..........................1 minute
60 il bidhigsi.......................1 miridh

60 minutes.........................1 hour
60 miridh..........................1 saacad ah

24 hours...........................1 day
24 saacadood.....................1 maalin ah

7 days..............................1 week
7 maalmood.................1 asbuuc/todobaad/wiig

2 weeks............................a fortnight
2 wiig/asbuuc/todobaad......1 wiig dhaaf/
                           asbuuc dhaaf/todobaad dhaaf

4 weeks............................1 month
4 wiig/asbuuc/todobaad......1 bil ah

52 weeks...........................1 year
52 bilood..........................1 sanno

12 months.........................1 year
12 bilood..........................1 sanno
```